Caldart | Nirvana. 100 Seiten

* Reclam 100 Seiten *

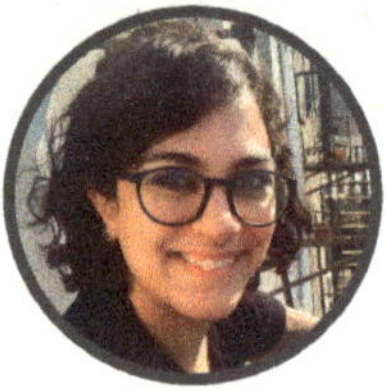

ISABELLA CALDART arbeitet als freie Journalistin unter anderem für die *taz*, *Missy Magazine*, *nd*, *54books* und Deutschlandfunk Kultur, außerdem betreut sie die Social-Media-Accounts des Deutschen Buchpreises. In ihren Artikeln beschäftigt sie sich mit Literatur, Popkultur, Medien, Subkulturen und gesellschaftlichen Themen. Bei Reclam erschien zuletzt der von ihr herausgegebene Band *Frankfurt zum Verweilen*.

Isabella Caldart

# Nirvana. 100 Seiten

RECLAM

Für S., die schon immer da war,
und R., der jeden Tag da ist.



3. Auflage

2024 Philipp Reclam jun. Verlag GmbH,
Siemensstraße 32, 71254 Ditzingen
Umschlaggestaltung: zero-media.net, München
Infografik (S. 56 f.): annodare GmbH, Agentur für Marketing, Leipzig
Bildnachweis: S. 7: picture alliance / DALLE APRF | © DALLE APRF; S. 24: IMAGO / Avalon.red; S. 32: TheCoverVersion / Alamy Stock Foto; S. 41: Pictorial Press Ltd / Alamy Stock Foto; S. 53: ZUMA Press, Inc. / Alamy Stock Foto; S. 71: United Archives GmbH / Alamy Stock Foto; S. 96: WENN Rights Ltd / Alamy Stock Foto
Umschlagmaterial: Creative Print, Schabert
Druck und Bindung: Esser printSolutions GmbH,
Untere Sonnenstraße 5, 84030 Ergolding
Printed in Germany 2024
RECLAM ist eine eingetragene Marke
der Philipp Reclam jun. GmbH & Co. KG, Stuttgart
ISBN 978-3-15-020711-6

www.reclam.de

Für mehr Informationen zur 100-Seiten-Reihe:
www.reclam.de/100Seiten

# Inhalt

## Playlist zum Buch

Die Playlist zum Buch finden Sie online unter https://www.reclam.de/nirvana bzw. unter

»Smells Like Teen Spirit«, »Heart-Shaped Box« und »All Apologies« haben die meisten wahrscheinlich direkt im Ohr – aber es gibt so viele weitere großartige Nirvana-Songs zu entdecken! Trotz ihrer kurzen Schaffensperiode war die Band sehr aktiv und kreativ. Diese Playlist vereint einige der besten und unbekannteren Tracks der vier Alben, die zu Kurts Lebzeiten erschienen sind (*Bleach*, *Nevermind*, *Incesticide* und *In Utero*) und außerdem einige Outtakes, B-Seiten und Konzertmitschnitte.

## Zeitlos

Zu Nirvana kam ich so, wie die meisten Menschen zu Nirvana kommen (auch wenn das viele gewiss nicht gerne zugeben): durch »Smells Like Teen Spirit« und *Nevermind.* Mein Freundeskreis und ich wandten uns damals, es war um die Jahrtausendwende, von Popmusik ab, die in unseren Augen inzwischen kindlich geworden war. Wir fingen an, rockigere, »erwachsenere« Musik zu hören. Unsere Bandbreite war recht groß, von den Red Hot Chili Peppers über Tracy Chapman, Alanis Morissette, Manu Chao und den Beatles bis hin zu Bob Marley. Und natürlich: Nirvana. Während ich all diese Künstler:innen schätzte, holten mich Nirvana auf eine Weise ab, die ich kaum beschreiben kann. Ich weiß noch, wie ich mit 14 nach Unterrichtsende bei einer Schulfreundin zu Hause war, wir »Smells Like Teen Spirit« aufdrehten, auf ihrer Matratze hoch- und runterhüpften und »Here we are now!« mitschrien. Dieser Moment veränderte etwas in mir. Es war der Anfang einer großen Liebe.

Gehört hatte ich von Nirvana beziehungsweise von Kurt Cobain schon früher, lange bevor ich ihre Musik kannte. Ich verschlang damals die *Bravo*, jeden Donnerstag lief ich zum Kiosk, um mich auf die neueste Ausgabe der heißgeliebten

Zeitschrift zu stürzen. Da ich jede Zeile las, las ich auch manchmal über Kurt, den ich in meinem Kopf schön Deutsch als »Kurt Kobian« aussprach. Kurt war zu dem Zeitpunkt schon tot, aber hin und wieder gab es Berichte über ihn – oder vielmehr, in typischer *Bravo*-Manier, reißerische Artikel, die sich hauptsächlich um die beknackte Frage drehten, ob Courtney Love ihren Ehemann umgebracht habe.

Ein paar Jahre später wusste ich nicht nur, wie Kurt Cobain richtig ausgesprochen wird, sondern auch, dass er zwei Bandkollegen namens Krist Novoselic und Dave Grohl hatte. Alle Fakten über Nirvana, die ich online finden konnte, sog ich förmlich auf. Das war zu der Zeit, als das Internet immer populärer wurde, von Social Media aber noch niemand etwas ahnte. Auf der damals größten deutschsprachigen Fanwebsite namens *Nirvanaclub.de* meldete ich mich im dazugehörigen Forum an; beide sind heute offline. Aber zum Glück hilft die *Wayback Machine*, ein digitales Archiv des Internets, meinem Gedächtnis auf die Sprünge. Es gab einzelne Boards, nicht nur für Diskussionen rund um Nirvana, sondern auch für Schule und Uni, für Liebeskummer, Technikkram (mit dem schönen Namen »CompuSurf«, mehr Y2K geht einfach nicht) und eins, in dem man seine eigenen poetischen Ergüsse teilen konnte, was auch ich manchmal tat. Und nein, ich kenne meinen Usernamen nicht mehr, und wenn ich ihn noch wüsste, würde ich ihn mit sieben Siegeln unter Verschluss halten!

Ich war sehr schnell sehr aktiv im *Nirvanaclub.de*-Forum, fand dort meine ersten Online-Freundschaften. Der Austausch mit anderen Fans war für mich persönlich toll. Rückblickend, finde ich, waren wir eine gute Mischung aus jenen, die Nirvana noch zu Lebzeiten kannten, und einigen jüngeren Fans wie ich, die schnell integriert wurden. Ich lehne mich jetzt ein wenig aus dem Fenster, aber ich wage zu behaupten, dass nicht alle Rockbands eine so freundliche Fanszene haben, die neue Fans mit offenen Armen willkommen heißt. Was nicht bedeutet, dass wir nicht auch elitär sein konnten. Als ich im Forum aktiv war, dominierten in der Rockmusik gerade Post-Grunge-Bands, die von uns zumeist skeptisch beäugt wurden, dann explodierte Nu Metal. Für Nirvana-Fans kam es überhaupt nicht in Frage, Linkin Park oder, schlimmer noch, Limp Bizkit zu hören, man orientierte sich musikalisch zurück in die grungige Vergangenheit. Aber die Zeiten sind ja vorbei, und ich persönlich stehe inzwischen dazu, dass ich einige Songs von Linkin Park gerne mag.

Ich gehöre zu der ersten Generation, die nach Kurts Tod Fan wurde, und entsprechend ist meine Sicht auf Nirvana geprägt. Natürlich hält sich jede Generation für etwas Besonderes, aber ich glaube wirklich, dass wir das in dieser Hinsicht sind. Eine Band zu lieben, die man um nur ganz wenige Jahre verpasst hat, ist durchaus schmerzhaft, weil man sich der Nähe bewusst ist, die Vergangenheit aber nicht greifen kann. Zugleich bewiesen wir, dass Nirvana nicht nur in ihrer Zeit verhaftet waren und das »Sprachrohr der Generation X«, wie sie so oft bezeichnet wurden, sondern dass ihre Musik nach dem Ende der Band weiterhin Menschen berühren würde, auch jene, die zu späteren Zeiten und in anderen Umständen erwachsen wurden. Kürzlich eröffnete der *Batman*-Film mit Robert Pattinson (2022, Regie: Matt Reeves) einer nächsten Generation Nirvana, weil darin sehr prominent »Something in the Way« gespielt wird. Dieses neu erwachte Interesse beweist, dass Nirvana und ihre Songs auch in Zukunft relevant bleiben werden.

Zwei Takte zum Buch: Man könnte sich fragen, ob es bei der Menge an Nirvana- und Kurt-Cobain-Biographien wirklich noch eine weitere braucht. Ich sage ja, und das aus zwei Gründen. Zum einen wurden sämtliche mir bekannten Bücher von weißen Männern, die in den 1950ern, 1960ern oder 1970ern geboren wurden, verfasst, es gibt bisher keine andere Perspektive auf die Band. Und das zeigt sich inhaltlich. Denn kaum jemandem gelingt es, Abstand zu wahren. Natürlich schreibe auch ich aus der Position eines langjährigen Fans. Aber ich glaube, die Bewunderung und Faszination ist eine andere, wenn man Nirvana zum Zeitpunkt ihres Schaffens erlebt hat. Das merkt man den Büchern an. Michael Azerrads *Come as You Are* ist die einzige autorisierte Biographie. Einerseits ist es natürlich cool, dass es überhaupt eine gibt. Das hat aber auch zur Folge, dass sie nicht vollständig ist, weil sie noch zu Kurts Lebzeiten veröffentlicht wurde. Außerdem ist sie stark von Kurts Sicht auf die Dinge geprägt, und so wird beispielweise sein Heroinkonsum heruntergespielt. (Azerrad, dem das heute selbst bewusst ist, brachte 30 Jahre später, im Oktober 2023, eine um 300 Seiten erweiterte annotierte Version seines Buchs heraus.) Die andere große Biographie trägt den Titel *Der Himmel über Nirvana*. Charles R. Cross hat zwar sehr gut recherchiert, aber driftet bisweilen in Fiktionen ab. Er versetzt sich in Augenblicke, in denen kein Mensch anwesend war, in Kurt hinein, er imaginiert Handlungen und Gedanken, schreibt sie Kurt zu und stellt sie als faktual dar. Das ist vor allem dann hochproblematisch, wenn es um die letzten Momente seines Lebens geht. Schließlich war keiner dabei, keiner weiß, was Kurt genau gefühlt, gedacht und gemacht hat.

Ich bemühe mich um einen neutralen Blick, zwar von Sympathie geprägt, aber ohne der Versuchung zu erliegen, die Band und ihre Mitglieder zu verklären oder zu vergöttern, so wie es im Großteil der Bücher jener Autoren der Fall ist, die zu Kurts

Lebzeiten schon Nirvana-Fans waren. Der Aufbau meines Buchs orientiert sich chronologisch an der Biographie der Band. Ich unterteile sie grob in drei Zeiträume rund um die drei Studioalben und wechsle sie mit drei Essays ab, in denen ich bestimmte Aspekte von Nirvana beleuchte: wie queer Kurt war, wie ambivalent sein Verhältnis zu den Medien und wie das politische Engagement von Nirvana aussah.

So sehr ich Krist und Dave schätze und Nirvana als Band dieser drei Menschen (und temporär einiger mehr) ansehe und dies ein Buch über die Band, nicht alleine über Kurt ist – der Fokus liegt auf Kurt Cobain, nach meiner Recherche sogar noch viel mehr, als ich es ursprünglich geplant hatte. Kurt war Gründer, Sänger, Gitarrist, er war fast der alleinige Songschreiber, er war das Gesicht der Band und traf auch hinter den Kulissen nahezu alle Entscheidungen. Und so wie Kurt, wenn man es pathetisch ausdrücken will, die Sonne des Nirvana-Universums war, so wird er auch in meinem Buch im Mittelpunkt stehen. Da die meisten Leute Nirvana vom Ende her denken, sind fern der Musik die ersten und oft einzigen Dinge, die mit der Band assoziiert werden, Kurts Heroinkonsum und sein Suizid. Beides gehört zur Geschichte dazu; ich möchte mich aber auf andere Facetten konzentrieren. Schaut man sich Interviews und Backstage-Aufnahmen an, sieht man, dass die Bandmitglieder sehr oft sehr viel Spaß miteinander hatten und Kurt einen feinen Sinn für Humor. »Die Leute denken, wir meinen alles ernst, weil niemand die lustige Seite von uns sieht«, sagte er einmal.

Stellt sich noch eine letzte Frage: Warum eigentlich Kurt, warum Nirvana? Meine persönliche Story mit der Entdeckung dieser Band habe ich erzählt, und wir alle wissen, dass die Musik, die man als Kind oder Teenager liebte, einen auf ganz besondere Weise ein Leben lang begleitet. Aber warum holten Nirvana in ihrer kurzen Karriere so viele Menschen ab, und warum faszinieren sie immer noch? Man muss den historischen Kontext vor Augen haben, um zu verstehen, wie sehr Nirvana einschlugen. In seiner Rede, als Nirvana 2014 in die Rock and Roll Hall of Fame aufgenommen wurden, sagte Michael Stipe von R.E.M.:

> Denken Sie an die damalige Zeit: Es waren die späten 1980er, die frühen 1990er. Amerika, die Idee eines hoffnungsvollen, demokratischen Landes, war durch die Iran-Contra-Affäre, Aids und die Regierungen Reagan und Bush sr. praktisch demontiert worden. Aber mit ihrer Musik, ihrer Haltung, ihrer Stimme, indem sie die politischen Machenschaften von trivialen, aber weitreichenden politischen Argumenten, Bewegungen und Positionen aufgriffen, die uns kulturell zurückhielten, sprengten Nirvana all das mit kristalliner, nuklearer Wut und Zorn. Nirvana traten gegen das System an und brachten ihre Abneigung gegenüber der Musikindustrie und ihre Definition des korporativen Mainstreamamerikas zum Ausdruck, um eine freundliche und schöne, aber abgefuckte Wut zu zeigen, gepaart mit unglaublicher Verletzlichkeit.

Es waren aber nicht nur die politischen und gesellschaftlichen Gegebenheiten, die den Boden für Nirvana bereiteten. Auch musikalisch hatte es im Rockmainstream vor allem polierte Bands wie Guns N' Roses, Bon Jovi oder Foreigner gegeben. Mit Songs, in denen sich raue und melodische Klänge abwechselten, kreierten Nirvana einen ganz eigenen, authentischen Sound, den es so noch nicht gegeben hatte.

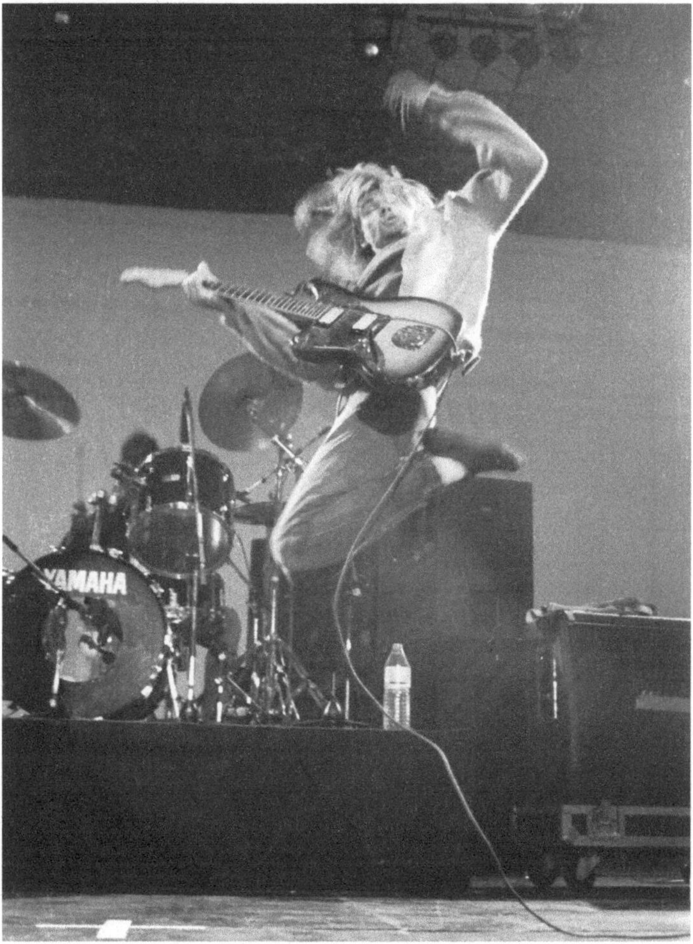


Hebt ab: Kurt Cobain 1991 beim Auftritt auf dem Trans Musicales Festival in Rennes

Und dann war da noch das Charisma von Kurt Cobain, dem sich niemand entziehen konnte, wie sämtliche seiner Bekannten und Freund:innen schildern. Danny Goldberg, der dreieinhalb Jahre lang als Bandmanager arbeitete, attestiert Kurt ein »poetisches, ungefiltertes Verständnis für den Schmerz der Jugend« und findet in seinen *Erinnerungen an Kurt Cobain* (2019) die vielleicht treffendste Erklärung für das globale Phänomen Nirvana: Er zieht eine Parallele zum Einfluss von J. D. Salingers Kultbuch *Der Fänger im Roggen*: »Kurts Werk [gab] den Underdogs ihre Würde zurück und knackte dabei derart den Code der Massenkultur, dass Millionen sich darin wiederfinden konnten.« Dieser Vergleich ist in meinen Augen nicht zu weit hergeholt, denn wie Holden Caulfield konnte auch Kurt mit normativen Menschen wenig anfangen, sah sich als Außenseiter, der gegen die Gesellschaft rebelliert. Ein Gefühl, das insbesondere Jugendliche nachvollziehen können.

Was auch immer der genaue Grund sein mag, wie Holden Caulfield berührt Kurt Cobain heute noch viele Teenager. Seine Songs begeisterten damals Millionen von Menschen und tun es 30 Jahre nach seinem Tod nach wie vor. Nirvana haben zwar einen konkreten Zeitgeist verkörpert – ihre Musik aber ist zeitlos.

## Ein Junge mit einer Vision – *Bleach*-Zeit (bis 1990)

An einem lauen Abend im Sommer 1989 staunte Bruce Pavitt, einer der beiden Gründer des kleinen Plattenlabels Sub Pop, nicht schlecht, als er auf seinem Heimweg über Krist Novoselic stolperte, der an seine Tür hämmerte und »Ihr Penner, wir wollen einen Vertrag!« brüllte. Dann fiel der sturzbetrunkene Krist erst einmal in die Büsche vor dem Haus. Eine Dreiviertelstunde lang sollen sie diskutiert haben. Schließlich rief Pavitt seinen Sub-Pop-Kollegen Jonathan Poneman an, der daraufhin die Nacht durchmachte, um rückdatiert auf den 1. Januar 1989 einen Vertrag aufzusetzen, der drei Nirvana-Alben in drei Jahren vorsah – mit für die Szene astronomischen Honoraren im niedrigen fünfstelligen Bereich. In der Musikwelt im Nordwesten des US-Bundesstaates Washington waren damals Verträge, die über einen Handschlag hinausgingen, eher unüblich. Soundgarden, ungleich berühmter als Nirvana, waren bis dato die einzige Band aus der Szene, die einen richtigen Vertrag (beim Major-Label A&M Records) unterschrieben hatten.

Diese Anekdote zeigt, wie damals alles gehandhabt wurde. Die Musikszene in Seattle war chaotisch, sie war DIY, und sie basierte mehr auf Freund- und Bekanntschaften denn auf Professionalität. Wie sich später herausstellte, war dieser Vertrag übrigens nicht für Nirvana, sondern für Sub Pop die Rettung. Das sich am Rand der Insolvenz bewegende Label, das Pavitt und Poneman 1986 gegründet hatten, profitierte enorm davon, dass das spätere Label Geffen Records die Rechte der Songs von Sub Pop aufkaufte, und vom Erfolg des zweiten Nirvana-Albums *Nevermind.*

Seattle gilt gemeinhin als die Stadt, in der der Grunge geboren wurde. Streng genommen ist das etwas ungenau, weil viele Bands nicht aus Seattle, sondern aus dem Bundesstaat Washington kamen – Green River, Vorgängerband von Pearl Jam und Mudhoney, Mother Love Bone, ebenfalls Vorgängerband von Pearl Jam, Pearl Jam selbst, Alice in Chains, Soundgarden und Mudhoney wurden in der Tat in Seattle gegründet, die Melvins aber stammen aus Montesano, die Screaming Trees aus Ellensburg und Krist und Kurt aus dem knapp zwei Stunden entfernten Aberdeen (Dave Grohl, der in Ohio geboren wurde und in Virginia aufwuchs, aus einem anderen Bundesstaat). Dennoch beschreibt »Seattle-Sound« die Musikszene wohl besser als der Begriff »Grunge«, den damals nahezu all seine Vertreter:innen ablehnten und höchstens ironisch verwendeten. Es gibt mehrere Theorien dazu, woher das Wort kommt, sicher ist nur: Es war die Presse außerhalb Washingtons, die ihn aufgriff und populär machte. Legendär der Streich der damals 25-jährigen Megan Jasper (bis kurz zuvor Mitarbeiterin von Sub Pop), die Ende 1992 einem Journalisten der *New York Times* lauter spontan ausgedachte Vokabeln nannte, vermeintlicher »Grunge-Slang«, die dieser brav als »Lexikon des Grunge« abdruckte – darunter absurde Ausdrücke wie »swinging on the flippity flop« für »abhängen«.

Was genau den Seattle-Sound ausmacht, ist bei der Heterogenität der Bands schwer auf einen Nenner zu bringen. Gewöhnlich wird Grunge als eine laute Mischung aus Punkrock und Metal beschrieben, oft mit verzerrten Sounds und eher düsteren Lyrics, die sowohl zur Stimmung der Zeit als auch zum regnerischen, grauen Wetter in Washington State passen. Denkt man an Grunge, sind es zumeist Bands von Männern, größtenteils weißen Männern, die einem einfallen. Dabei gibt es aus jener Zeit auch viele Rockbands von Frauen, die im Underground und teilweise im Mainstream Erfolge feierten, darunter Hole von Courtney Love, außerdem Bikini Kill, 7 Year Bitch und Sleater-Kinney (erst 1994 gegründet) aus Washington, Shonen Knife aus Japan, Babes in Toyland aus Minneapolis und L7 aus Los Angeles. Viele von ihnen waren Teil der Riot Grrrls, eine feministische Bewegung, die der Dominanz von Männern im Punkrock etwas entgegensetzte.

Wer beim Grunge und den Riot Grrrls aber fast immer vergessen wird, ist ausgerechnet Tina Bell, die im Underground als »Godmother of Grunge« gilt – eine Schwarze Frau. In den zahlreichen Nirvana-Biographien, die auch die Seattle-Szene beleuchten, wird sie nicht einmal erwähnt. Dabei gründete Bell im Jahr 1983 (im selben Jahr wie die Melvins und eins vor Soundgarden) ihre Grunge-Band Bam Bam, übrigens mit Matt Cameron am Schlagzeug, der später erst bei Soundgarden und heute bei Pearl Jam spielt. Mit Bam Bam nahm sie mehrere EPs auf, darunter 1984 *Villains*, trat gemeinsam mit Alice in Chains, Soundgarden und Pearl Jam auf, bevor sie die Band 1990 verließ und die Musik schließlich ganz aufgab.

Matt Camerons Laufbahn deutet bereits an, was in der Seattle-Szene gang und gäbe war. Man feierte zusammen, spielte zusammen und es war nicht ungewöhnlich, dass die Musiker:innen zwischen den Bands wechselten oder aushalfen,

**Grunge-Look**

Converse, zerrissene Jeans, Holzfällerhemd – das typische Grunge-Outfit hat einen hohen Wiedererkennungswert. Was kurze Zeit nach dem Durchbruch von Nirvana von Designern wie Marc Jacobs kopiert auch auf den Laufstegen der Welt und somit in der High Fashion Einzug hielt, ist eigentlich schnell zusammengestellt. Die größte Ironie dabei: Niemand aus der Seattle-Szene hatte die Absicht, einen bestimmten Look zu kreieren. Vielmehr hatte die Kleidungswahl vor allem zwei Gründe: In der Holzfällerregion gab es Holzfällerhemden im Überfluss – und die meisten Musiker:innen waren zu arm, um sich fancy Klamotten leisten zu können.

wenn gerade mal jemand fehlte. So sind auf dem ersten Nirvana-Album *Bleach* neben den beiden Gründungsmitgliedern Kurt Cobain und Krist Novoselic auch Chad Channing, Jason Everman und Dale Crover gelistet. Chad Channing, der damalige Drummer, hatte zuvor unter anderem mit Ben Shepherd gespielt, der später Bassist bei Soundgarden werden sollte. Er kam 1988 zur Band. Da Kurt und Krist mit seinen Fähigkeiten bei den härteren Tracks »Floyd the Barber«, »Paper Cuts« und »Downer« nicht zufrieden waren, entschieden sie sich für die Version mit Dale Crover von den Melvins, der vor Channing kurz bei Nirvana am Schlagzeug saß.

Gitarrist Everman wiederum ist auf *Bleach* gar nicht zu hören und wurde nur, weil er die 606,17 Dollar bezahlte, die die Aufnahme gekostet hatte, zum Dank auf der Rückseite genannt. (Hätte er eine Quittung bekommen, wären die Mastertapes des Albums technisch gesehen seine und er ein reicher Mann.)

Jason Everman spielte auf einer Tour mit der Band, bevor er noch im selben Jahr wieder geschasst wurde – auf höchst unangenehme Weise: 50 Stunden lang fuhr die Band nach abgebrochener Tour zusammen von New York City nach Washington State, ohne ein Wort miteinander zu wechseln. Kurt, der immer versuchte, Konfrontationen zu vermeiden, sagte Everman nie, dass er draußen war, er meldete sich einfach nicht mehr bei ihm. Er wisse nach wie vor nicht, was damals genau schiefgelaufen sei, sagte Everman 2013 in einem Porträt in der *New York Times*.

Doch bis es so überhaupt soweit kam, war es für Kurt und Krist noch ein weiter Weg.

## Kurt Cobain

Kurt Donald Cobain wurde am 20. Februar 1967 in Aberdeen geboren, knapp zwei Jahre nach Krist Novoselic. Aberdeen ist eine sehr kleine, konservative Stadt in Grays Harbor County im Westen von Washington, zum Zeitpunkt von Kurts Geburt wohnten keine 20 000 Menschen dort. Die Holzwirtschaft dominiert die Industrie. Als Kurt zur Welt kam, war sie rückläufig, die Arbeitslosigkeit hoch, ebenso wie Alkoholismus, häusliche Gewalt und die Suizidrate. Es regnet zudem überdurchschnittlich viel in Aberdeen.

Kurts Kindheit bis zur Scheidung seiner Eltern Wendy und Donald wird als fröhlich beschrieben; die Cobains hatten zwar sehr wenig Geld (Donald war Automechaniker, Wendy zeitweise Kellnerin), aber Wendy achtete darauf, dass Kurt und seine drei Jahre jüngere Schwester Kimberly immer tadellos aussahen und alles hatten, was sie sich wünschten. Das änderte sich mit der Scheidung von Kurts Eltern 1976 radikal. Kurt wurde quasi über Nacht zu einem verschlossenen, mürrischen Kind, seine Eltern wussten nicht, wie sie mit ihm umgehen sollten. In den folgenden Jahren wurde Kurt zwischen Wendy, Donald, den Großeltern, Tanten und Onkeln hin und her gereicht, schlief bei Freund:innen auf dem Sofa, dem Fußboden, auf der Veranda oder in einem Zelt im Hof. Die Beziehung zu seinem Vater und dessen neuer Frau wurde immer schlechter und sollte sich auch nie wieder bessern. Kurt hatte zeit seines restlichen Lebens so gut wie keinen Kontakt mehr zu seinem Vater.

Als Kurt 17 war, ging seine Mutter Wendy (nicht zum ersten Mal) eine Beziehung mit einem gewalttätigen Mann ein. Aus jener Zeit stammen zwei der größten Kurt-Legenden. Grundsätzlich weiß man bei Kurt nie genau, welchen seiner Worte man Glauben schenkendarf. Generell erzählte er in Interviews, Gesprächen und auch seinen Tagebüchern – je nach Laune – ausgeschmückte Storys, Variationen der Wahrheit, teilweise sogar vollständig erdachte Anekdoten. So behauptete er beispielsweise, er habe in seinem Leben nur zwei, drei Stunden Gitarrenunterricht bekommen, während sich Warren Mason, ein Freund seines Onkels Chuck, an Monate erinnert. Das tat Kurt, um sich selbst etwas mysteriöser darzustellen, weil er ein exzellentes Gespür für eine gut erzählte Geschichte hatte, weil er von den ewig gleichen Fragen gelangweilt war, mitunter vielleicht aus Selbstschutz oder auch, weil er einige seiner Geschichten inzwischen selbst glaubte, und vor allem, um Journalist:innen zu foppen. Kurt erzählte lieber »seine emotionale Wahrheit als die eigentliche«, wie es Charles R. Cross in *Der Himmel über Nirvana* ausdrückt.

Laut einer dieser Storys habe Kurt, der oft nicht wusste, wo er die nächste Nacht verbringen würde, auch regelmäßig unter der Young Street Bridge am Wishkah River, einem kleinen Fluss in Grays Harbor, geschlafen. Dieser Mythos wurde durch den Song »Something in the Way« bekannt, in der Kurt ebendiese Episode andeutet. Krist Novoselic bestreitet ihren Wahrheitsgehalt indes vehement. »Er hat nie unter dieser Brücke gelebt«, sagt er. »Er hing da rum, sicher, aber es war unmöglich, an dem schlammigen Ufer zu wohnen, nicht bei dem ständigen Auf und Ab von Ebbe und Flut.«

Die andere stark von Kurt ausgeschmückte Geschichte hat ebenfalls mit dem Wishkah River zu tun. Wendy und ihr neuer Freund sollen gestritten haben, nachdem sie entdeckte, dass er sie betrog. Wendy soll dann gedroht haben, ihn zu ermorden, woraufhin ihr Freund das Haus verließ. Daraufhin suchten Wendy und Kurts Schwester Kim seine Pistolen und Gewehre zusammen und trugen sie in einer Tasche zum Wishkah, um sie darin zu versenken. Kurts Version der Story ist, dass er diese Waffen wieder aus dem Wishkah gefischt, verkauft und von dem Geld seine erste Gitarre gekauft habe. Dass er die Schusswaffen aus dem Fluss holte und zu einem Pfandhaus gebracht hat, ist vermutlich wahr, wie seine Schwester bestätigte – aber Gitarren besaß Kurt schon viel früher.

Als Teenager fühlte sich Kurt in Aberdeen, einer Stadt voller »bigotter Rednecks«, wie er es ausdrückte, oft einsam. Er hatte wenig Kontakt zu seinen Schulkamerad:innen und kaum Freund:innen, war zumeist einsam und ein Einzelgänger, und auch mit seiner Familie kam er seit der Trennung seiner Eltern nicht mehr gut zurecht. Seiner Mutter gegenüber war er aufmüpfig bis unfreundlich, verschwand oft, stritt sich mit ihr und ihren Freunden. Auch die Highschool brach er wenige Wochen vor dem Ende ab, als ihm klar wurde, dass er viel zu viele Fehlstunden angehäuft und zu wenig Leistung erbracht hatte, um einen Abschluss zu erhalten. Irgendwann wurde es seiner Mutter zu bunt, und sie schmiss ihn raus. Seine beiden Ausflüchte waren – nebst vieler langer Tage, die er in der Bücherei Unterschlupf suchte und las – Musik und Kunst. Kurt kam aus einer musikalischen Familie, sein Onkel Chuck sowie seine Tante Mari spielten beide in Bands und brachten den kleinen Kurt früh zur Musik. Chuck fragte ihn, ob er zu seinem 14. Geburtstag lieber ein Fahrrad oder eine E-Gitarre haben wolle. Kurt zögerte bei seiner Entscheidung nicht eine Sekunde. Auch wenn wir ihn heute wegen seiner Musik kennen, spielte Kunst ebenfalls eine große Rolle in seinem Leben. Wenn er nicht gerade Gitarre spielte, fertigte er Zeichnungen, Comics, Collagen und Skulpturen an. Zwei seiner Kunstwerke sind weltberühmt: Sie zieren die Cover der Alben *Incesticide* und *In Utero*.

1987 sollte ein bedeutendes Jahr in Kurts Leben werden, sowohl was sein Liebesleben betraf als auch die Zukunft von Nirvana. Anfang 1987 kam Kurt mit Tracy Marander zusammen, seine erste feste Freundin. Sie half ihm auch, sich von seiner bisherigen Heimatstadt zu lösen: Im April 1987 verließ er Aberdeen für immer und zog mit Tracy ins nur 80 Kilometer entfernte, aber wesentlich coolere Olympia, die Hauptstadt von Washington. In der Geschichtsschreibung um Nirvana wird Tracys Bedeutung zu selten gebührend hervorgehoben. In den Jahren, in denen sie und Kurt zusammenwohnten, war er die meiste Zeit arbeitslos – teilweise arbeitete er sogar als Hausmeister in seiner alten Highschool, konnte und wollte aber keinen Job halten – und blieb zu Hause, wo er malte oder Songs schrieb, während sich Tracy um den Broterwerb und nicht selten auch um den Haushalt (Kurt schien absolut blind für das Chaos um ihn herum zu sein) kümmerte. Ohne Tracy Maranders Unterstützung hätte es Nirvana sehr wahrscheinlich nie gegeben.

Mitte der 1980er unternahm Kurt erste Versuche, eine Band zu gründen. Und schon früh hatte er Interesse daran, Krist mit ins Boot zu holen.

## Krist Novoselic

Krist Anthony Novoselic (der sich lange Zeit »Chris« schrieb) wurde am 16. Mai 1965 in Compton, Los Angeles County, als Sohn von Krsto und Marija, zwei kroatischen Immigrant:innen, geboren und wuchs in einer kroatischsprachigen Community auf – Krists Muttersprache ist entsprechend auch Kroatisch. Englisch lernte er erst ab dem Kindergarten. 1979 zog er mit seinen Eltern, dem jüngeren Bruder Robert und der jüngeren Schwester Diana nach Aberdeen, weil die Immobilienpreise in Los Angeles zu teuer wurden, während man in der Holzfällerstadt für recht kleines Geld komfortabel wohnen konnte. Im Jahr darauf schickten seine Eltern Krist, der unglücklich war in Aberdeen, nach Zadar an die kroatische Adriaküste, um dort bei Verwandten zu leben, doch schon 1981 kehrte er in die USA zurück.

Auch wenn Krist älter war als Kurt (zwei Jahre können als Teenager einen großen Unterschied machen), kannten sich die beiden vom Sehen. Krist ist schließlich auch nicht zu übersehen mit seiner Körpergröße von gut zwei Metern (Kurt hingegen war, je nach Angabe, zwischen 1,70 und 1,75 Meter groß). Mit Kurt verband Krist nicht nur die Liebe zu den Beatles und klassischen Rockbands wie Led Zeppelin, Aerosmith und

Black Sabbath, sondern auch zum härteren, schnelleren Punkrock. Und noch eine andere Gemeinsamkeit teilten sie: Beide waren Scheidungskinder.

Kurt war ein Junge mit einer Vision, und er hatte sich in den Kopf gesetzt, mit Punkrockfan Krist eine Rockband zu gründen. Das tat Kurt übrigens auf eine ähnliche Art, wie er später seine Drummer feuerte. Statt Krist einfach direkt zu fragen, ließ er immer wieder Andeutungen fallen in der Hoffnung, Krist möge darauf reagieren. Im September 1986 gelang es dem hartnäckigen Kurt schließlich, Krist ein Tape mit seiner ersten »Band« namens Fecal Matter (mit Dale Crover am Schlagzeug) in die Hand zu drücken, darauf unter anderem der Song »Spank Thru«, der es später in einer Neuaufnahme auf die CD-Kompilation *Sub Pop 200* (1988) schaffte. In den Linernotes des Livealbums *From the Muddy Banks of the Wishkah* (1996) bezeichnet Krist »Spank Thru« als den ersten Nirvana-Song.

Kurt und Krist begannen zusammen zu jammen und erste Lieder zu proben, waren aber noch meilenweit davon entfernt, eine richtige Band zu sein. Die kurzzeitige Idee, eine Creedence-Clearwater-Revival-Coverband zu gründen, um so Geld zu verdienen, verwarfen sie wieder. Anfang 1987 taten sie sich schließlich mit Schlagzeuger Aaron Burckhard zusammen und gingen das Projekt Band ernsthaft an, auch wenn die teils wöchentlich wechselnden Namen nicht darauf hindeuten: Poo Poo Box, Whisker Biscuit, Pukeaharrea oder Ted, Ed, Fred. Im März 1987 folgte dann der heißersehnte erste Auftritt in Raymond, einem 3000-Seelen-Ort eine halbe Stunde südlich von Aberdeen. Das erste Lied, das Kurt und Krist je live spielten, war »Downer«, das sie später auch für *Bleach* aufnahmen. »Auftritt« klingt größer, als es war: Auf einer Privatparty jammten sie ein paar Songs vor einem Haufen besoffener Jugendlicher. Nichtsdestotrotz: Den allerersten großen Schritt in Richtung Zukunft hatten sie gemacht.

Typisch für Nirvana in den Anfangstagen, war Burckhard schnell wieder raus aus der Band; er nahm die Proben nicht annähernd so ernst wie Kurt und Krist. Wobei seine Faulheit nicht das einzige Problem war. »Irgendwann machte er mal eine rassistische Bemerkung gegenüber einem schwarzen Cop, und danach war für uns Schluss«, sagt Krist in der Doku *Montage of Heck*. Danach probten Kurt und Krist mit dem Melvins-Drummer Dale Crover, mit dem Kurt schon bei Fecal Matter gespielt hatte. Gemeinsam nahmen sie, produziert von Jack Endino (der bereits Platten von Green River, Soundgarden, Mudhoney und den Screaming Trees produziert hatte), im Januar 1988 ein richtiges Demo auf. Und erneut gab es einen Wechsel hinter dem Schlagzeug: Als Crover nach San Francisco zog, wurde Chad Channing der nächste Drummer.

Endlich hatten Kurt und Krist einen dauerhaften Schlagzeuger und einen festen Bandnamen: Nirvana, ein recht willkürlich gewählter Begriff, der »schön oder nett« war, wie Kurt Azerrad gegenüber erläuterte. Und das, worauf Kurt seit Jahren hingearbeitet hatte: die erste offizielle Single. Recht überraschend war dies keiner der vielen Songs, die Kurt inzwischen geschrieben hatte, sondern ein Cover. »Love Buzz« ist im Original von der niederländischen Band Shocking Blue, die das Lied 1969 veröffentlicht hatte. Dass es ausgerechnet »Love Buzz« wurde, geht auf Jonathan Ponemans Vorschlag zurück. Kurt hatte zähneknirschend zugestimmt, weil auch er eingestehen musste, dass »Love Buzz« ihr stärkster Livesong war. Im November 1988 wurde die Single (mit »Big Cheese« als B-Seite) herausgebracht, in einer limitierten Erstauflage von 1000 Stück.

Wenige Monate später, nach der Aufnahme ihres ersten Albums, holte die Band mit Jason Everman einen zweiten Gitarristen dazu. Erneut von Jack Endino produziert, wurde *Bleach* am 15. Juni 1989 bei Sub Pop veröffentlicht.

***Bleach* (1989)**

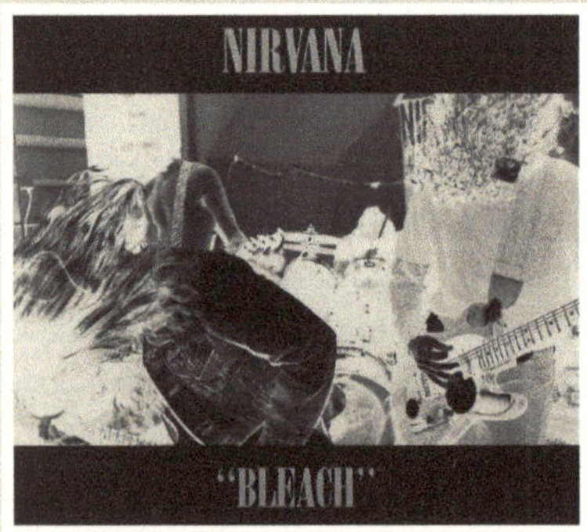


Wie bei allen zu Kurts Lebzeiten veröffentlichten Alben lohnt es auch bei dem Nirvana-Debüt, zunächst einen Blick auf die Bedeutung des Titels zu werfen. Der hat nämlich sowohl mit der Zeit zu tun, als *Bleach* aufgenommen wurde – sprich Ende der 1980er –, als auch mit Kurts späterem Leben. Auf Tour sah Kurt in San Francisco ein Plakat mit der Aufschrift »Bleach Your Works« – eine Aufforderung an Heroinabhängige, ihre Spritzen (= Works) mit Bleichmittel (= Bleach) zu reinigen, um das HIV-Ansteckungsrisiko zu verringern. Der perfekte Name für die LP war gefunden, der Arbeitstitel *Too Many Humans* verworfen.

Das Album ist in jeder Hinsicht ein Low-Budget-Album. Es wurde an wenigen versprengten Tagen zwischen dem 24. Dezember 1988 und dem 24. Januar 1989 in den Reciprocal Recording Studios in Seattle aufgenommen mit einer Studiozeit von 30 Stunden und den bereits erwähnten Kosten von rund 600 Dollar. Das letzte Lied, das sie aufzeichneten, »Pen Cap Chew«, blieb unvollständig, weil die Band kein Geld für ein weiteres Tape hatte. Mehrere Songs finden sich übrigens auch auf der 1992 veröffentlichten Kompilation *Incesticide*, darunter das sehr quatschige »Hairspray Queen« sowie das grandiose »Big Long Now«, das Kurt zu düster war, um es auch noch auf das ohnehin schon düstere, harte *Bleach* zu packen.

*Bleach* ist in vielerlei Hinsicht ein typisches Debütalbum, weil die B-Seite der LP etwas eintönig ist. Gerade die erste Seite aber hat einige Lieder, die herausragen und die bereits andeuten, in welche Richtung sich Nirvana entwickeln würden. Neben vielen Songs mit einem schweren Sound und Metal-Elementen gibt es Nummern wie »Love Buzz« und vor allem »About a Girl«, die Kurts Hang zur Popmusik zeigen. Zum Zeitpunkt der Aufnahme hatte Kurt schon mehrere Songs geschrieben, die in Richtung Pop tendierten – so zum Beispiel eine frühe Version von »Polly« –, aber aus Angst, er könnte in der Szene dafür verspottet werden, blieben sie zunächst in der Schublade. »About a Girl«, ein Lied, das er wohl komponierte, nachdem Tracy einen Song für sich einforderte, ist stark an den Beatles orientiert, von denen sich Kurt öfter inspirieren ließ. »School« wiederum, ein anderes herausragendes Lied des Albums, zeigt eine ganz besondere Fähigkeit Kurts: mit wenigen (nicht selten kryptischen) Worten erstaunlich viel aussagen. Der Song kommt mit der Wiederholung von nur 15 Wörtern aus, transportiert dadurch aber sehr viel Energie und Frustration. Die hatte er auch: Trotz des Titels handelt er nämlich nicht konkret von einer Highschool-Erfahrung, sondern von der Sub-Pop- und in weiterem Sinne der Seattle-Szene, die Kurt, nachdem er endlich der Enge von Aberdeen entkommen war, so kleingeistig, snobistisch und cliquenhaft vorkam, dass er sich an seine Schulzeit erinnert fühlte.

Die interessanteste und gruseligste Story erzählt »Paper Cuts«, einer der bedrückendsten Songs im gesamten Nirvana-Repertoire. Er handelt von der wahrscheinlich wahren Geschichte zweier junger Geschwister in Aberdeen, die mehrere Jahre lang von ihren Eltern in einem Zimmer gefangen gehalten wurden, die Fenster schwarz angemalt, als »Toilette« ein paar Zeitungen. (Übrigens ist es das einzige Lied im gesamten Œuvre, das das Wort »Nirvana« enthält.) Auch »Mr. Moustache« erzählt eine Geschichte, die schon damals Kurts politische Haltung beweist. Als Teenager zeichnete Kurt einen kurzen Comic (der allerdings sehr unbeholfen Schimpfwörter reproduziert) mit demselben Titel, in dem ein brutaler Redneck den Kopf an den Bauch seiner schwangeren Frau lehnt und sich wünscht, das ungeborene Kind möge ein rassistischer, schwulenhassender US-amerikanischer Junge werden. »Ich bringe ihm bei, wie man mit Autos umgeht und Frauen ausbeutet.« Im letzten der vier Bildchen sieht man, wie ein Bein des Embryos die Bauchdecke durchtritt und dem Mann den Kopf zertrümmert.

In typischer Kurt-Manier distanzierte er sich später übrigens von dem Album. Lob bekam er von anderer Seite. Nirvana-Manager Danny Goldberg zitiert in seinen *Erinnerungen an Kurt Cobain* Thurston Moore von Sonic Youth, der sagt: »Es ist in meinem Leben wirklich nicht oft vorgekommen, dass eine Platte all meine Erwartungen erfüllte. Für mich hatte *Bleach* etwas Elementares, Urzeitliches. Das Songwriting baute zwar auf Melodien auf, war aber trotzdem Punk. Es lag eine gewisse Schönheit darin. Ich liebe diese Platte.«

Obwohl die LP in den Musikzeitschriften, in denen sie besprochen wurde, meist positive Kritiken bekam, hatte *Bleach* nur sehr mäßigen kommerziellen Erfolg. Das ist wenig verwunderlich: Auch wenn man allerorts begann, auf die Musikszene in und um Seattle aufmerksam zu werden, waren Nirvana zu dem Zeitpunkt nur ein Fisch im Aquarium, Bands wie Soundgarden, Mudhoney und die Melvins galten vielmehr als Shootingstars der Szene. Im Sommer 1989 gingen Kurt, Krist, Chad und Aaron erstmals auf eine längere Tour, die zwei Monate lang durch die Vereinigten Staaten führen sollte. Die war aber alles andere als erfolgreich: Teilweise spielten sie vor kaum einem Dutzend Menschen; Benzingeld kam nur rein, wenn sie T-Shirts, auf denen »Nirvana: Fudge Packin, Crack Smokin, Satan Worshippin Motherfucker« stand, verkaufen konnten, für Essen reichte das Geld oft nicht mehr. Im Bandgefüge hatte Krist übrigens eine elementare Rolle. Er konnte nicht nur mit Kurts Stimmungsschwankungen umgehen, sondern kümmerte sich hinter den Kulissen um viele Dinge. Zum Beispiel war er dafür verantwortlich, dass Nirvana nach ihren

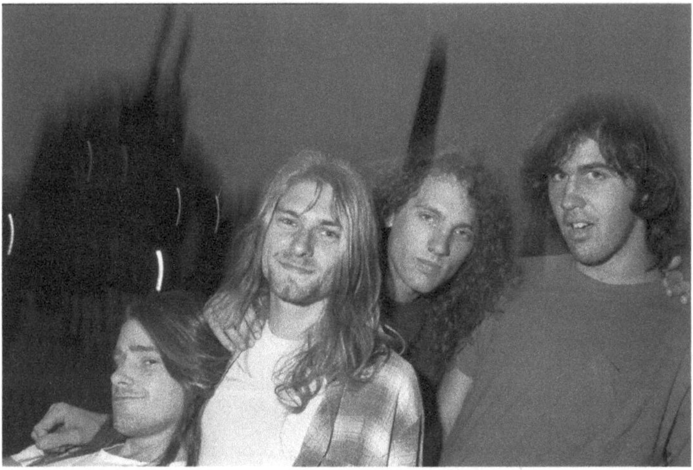

Chad Channing, Kurt Cobain, Jason Everman und Krist Novoselic im Juni 1989 in Hoboken, New Jersey

Gigs auch bezahlt wurden. In jener Zeit konnte es unbekannten Bands durchaus passieren, dass Kneipen- und Clubbesitzer am Ende des Abends kein Geld rausrückten. Der allein schon durch seine Körpergröße einschüchternde Krist sorgte dafür, dass dies Nirvana zumindest seltener passierte als anderen Gruppen.

Doch langsam ging es mit Nirvana bergauf: Als sie im Spätsommer 1989 ihre Tour, die sie nach dem indirekten Rausschmiss von Jason Everman in New York City unterbrochen hatten, fortsetzten, hatte sich auch außerhalb von Washington State herumgesprochen, dass es da diese aufregende neue Band gab. In den Collegeradios, die einen großen Einfluss in den USA haben, liefen ihre Songs, und erstmals kamen 100, gar

200 Menschen zu ihren Konzerten, nicht nur lokale Musiker:innen mit Interesse an sämtlichen tourenden Bands, sondern echte Fans, die wirklich wegen ihrer Musik die Shows besuchten. Und weil *Bleach* gerade in England veröffentlicht worden war und dort bei den Kritiker:innen gut ankam, gingen Nirvana im Oktober 1989 auf ihre erste Europatournee, gemeinsam mit TAD, einer weiteren Sub-Pop-Band aus Seattle.

So glamourös, wie sie sich eine Tour durch Europa vielleicht vorgestellt hatten, war sie allerdings nicht, im Gegenteil: Die beiden Bands absolvierten 36 Auftritte an 42 Tagen in neun verschiedenen Ländern. Und sie mussten alle in einen Zehnsitzerbus passen – die drei Mitglieder von Nirvana samt dem zwei Meter großen Krist, die vier von TAD samt dem mehrgewichtigen Frontmann Tad Doyle, zwei Crewleute und alles an Instrumenten, Equipment und Merchandise. Das erste Konzert, das Nirvana übrigens in Deutschland spielten, war am 7. November 1989 im B-52 in Mönchengladbach. Und mitten in die Tour platzte die Weltgeschichte: Nur zwei Tage nach dem Fall der Mauer traten Nirvana und TAD in Berlin im Schöneberger Club Ecstasy auf. Nach einer physisch und psychisch auslaugenden Tour waren Nirvana Anfang Dezember zurück in Washington, wo Krist am 30. Dezember 1989 seine langjährige Freundin Shelli Dilley heiratete (die beiden ließen sich im Jahr 1999 scheiden).

Während Krist heiratete, ging die Beziehung von Kurt und Tracy ihrem Ende entgegen. Durch die Tour und Kurts starken Fokus auf Nirvana entfernten sich die beiden immer stärker voneinander. Erschwerend kam hinzu, dass es auch um Kurts Psyche nicht gut bestellt war, wie die vielen Alpträume, die Tracy mitbekam, und seine Tagebucheinträge aus jener Zeit belegen. Mit der Band aber ging es weiter voran: Anfang 1990 waren Nirvana erstmals mit ihren Idolen, den Melvins, auf einer Bühne, ja, überflügelten sie sogar in puncto Beliebtheit beim Publikum. Trotzdem brachte dieser kleine Erfolg keinen finanziellen Aufschwung – nicht zuletzt auch deshalb, weil es Sub Pop nicht gutging –, und so überlegten Kurt und Krist kurzzeitig, ob sie einen Hausmeisterservice namens Pine Tree Janitorial gründen sollten; Kurt designte sogar Flyer für ihr »Start-up«. Außerdem entstanden erste Songs für ein zweites Album, das lange den Arbeitstitel *Sheep* trug. Demotracks dafür nahm die Band im April 1990 im Studio des Produzenten Butch Vig in Madison, Wisconsin, auf.

Aber nicht nur Kurts und Tracys Beziehung näherte sich ihrem Ende: Kurt wurde immer unzufriedener mit Chads Schlagzeugspiel. Auch wenn Nirvana vorher schon hin und wieder nach einem Auftritt ihre Instrumente zertrümmert hatten, wurde es jetzt zu ihrem Markenzeichen. Aus Punkrockattitüde, aus Frust, wenn ein Konzert schlecht lief, oder überschüssiger Energie, wenn ein Konzert gut lief, und eben auch bedingt durch Kurts Unmut mussten ihre Instrumente daran glauben, nicht selten sprang Kurt in Chads Schlagzeug. Finanziell war das natürlich ein Problem: Nach jedem Auftritt wurden die Instrumente notdürftig geflickt, um beim nächsten Konzert wieder einsetzbar zu sein. Als die Band Ende Mai 1990 nach Washington zurückfuhr, wusste Chad, dass er nach gut zwei Jahren Nirvana draußen war. In Kurts typischer Nichtkonfrontation und teils passiv-aggressiven Art wurde es ihm aber niemals direkt mitgeteilt.

Nirvana waren also mal wieder ohne Drummer. Bis Kurt Cobain und Krist Novoselic schließlich – endlich! – Dave Grohl kennenlernten.

## »What else could I say? Everyone is gay« – Kurts queere Seite

Selbst Menschen, die sich recht gut mit Nirvana auskennen, bringen die Band oft nicht in erster Linie mit Queerness und dem Einsatz für die Rechte von LGBTQ-Personen in Verbindung. Dabei waren Kurt, Krist und Dave Allies, also Menschen mit Privilegien, die sich als Verbündete (in diesem Kontext heterosexuell und cisgender) für marginalisierte Communitys einsetzen. Und nicht nur das: Mindestens Kurt scheint auch eine queere Seite gehabt zu haben, wofür es zahlreiche Indizien gibt.

Auf Twitter geht hin und wieder der Witz viral, die gesamte Grunge-Szene habe aus einem Haufen Musiker mit Geschlechtsdysphorie bestanden – sprich, wenn Geschlechtsidentität und Körper nicht zusammenpassen. Natürlich ist es sehr problematisch, Menschen einfach so als queer zu labeln. Scrollt man durch TikTok, gibt es vor allem von jüngeren Creator:innen Videos, die darüber spekulieren, Kurt sei trans oder zumindest nichtbinär gewesen. Dabei sind diese Zuschreibungen gar nicht nötig. Kurt war definitiv ein Gender-Bender, also eine Person, die sich gegen die gesellschaftlichen Normen stellt, wie ein Mann zu sein habe, etwa durch das Tragen von

Kleidern, Make-up oder Nagellack. Zwar hatte sich der Mainstream der 1980er Jahre dank Vorreitern wie Freddie Mercury oder David Bowie bis zu einem gewissen Grad für queer-codiertes Aussehen und Auftreten geöffnet, man denke etwa an Boy George, Annie Lennox oder Prince. So normalisiert wie heutzutage in der Musikbranche war das aber lange noch nicht. Und gerade mit dem Background von Kurt – als Highschool-Abbrecher aus einer weißen, machistischen Kleinstadt mit hoher Arbeitslosigkeit und geringer Diversität – und der Szene, in der Nirvana unterwegs waren – Rock als klassisch »männliche« Musikrichtung – war diese Offenheit und das Spiel mit Queerness etwas Besonderes.

Zeit seines Lebens hat Kurt wiederholt behauptet, er sei schwul. Zum Beispiel bei einem Benefizkonzert von Nirvana im September 1992 in Portland, Oregon, um gegen den Gesetzentwurf *Measure 9* zu protestieren. Dieser stammte von einer homofeindlichen Bürgerinitiative, die versuchte, Homosexualität als »abnormal und pervers« zu brandmarken und auf dieselbe Stufe wie Pädophilie oder Sadismus zu stellen. »*Measure 9* verstößt gegen die US-amerikanischen Traditionen des gegenseitigen Respekts und der Freiheit, und Nirvana möchten ihren Teil dazu beitragen, Bigotterie und Engstirnigkeit überall zu beenden«, heißt es in einem Pressestatement, das vor dem Konzert veröffentlicht wurde. »Wusstet ihr, dass ich schwul bin?«, sagte Kurt später bei dem Auftritt. »Dann habe ich einen Hermaphroditen geheiratet. Aber sie versuchen, mir meine Schwulenrechte zu nehmen. Ich wäre wirklich wütend, weil ich gerne in den Hintern ficke. Es macht Spaß. Es fühlt sich gut an.« Heute würde man – zu Recht – an einigen seiner Formulierungen Anstoß nehmen, aber für die damalige Zeit waren derartige Aussagen nahezu revolutionär. Ebenso die

Tatsache, dass sich Kurt und Krist auf dem Konzert küssten. Das taten sie übrigens öfter, wie im Januar 1992 im Abspann von *Saturday Night Life*, als Krist erst Dave, dann Kurt auf den Mund küsste.

Nirvana-Manager Danny Goldberg zitiert Jello Biafra, den Leadsänger der Dead Kennedys, in einer Aussage über das *Measure 9*-Konzert, dieser sei davon überzeugt, »dass der Auftritt [von Nirvana] dazu beitrug, einigen die Augen zu öffnen und sie vielleicht zum Umdenken zu bewegen«.

Auch sonst positionierte sich die Band klar. In den Linernotes von *Incesticide* etwa heißt es:

> Wenn einer von euch in irgendeiner Weise Homosexuelle, Menschen anderer Hautfarbe oder Frauen hasst, tut uns bitte diesen einen Gefallen – lasst uns verdammt noch mal in Ruhe! Kommt nicht auf unsere Konzerte und kauft nicht unsere Platten.

Die von *In Utero* sind beinahe wortgleich: »Wenn du ein Sexist, Rassist, Homophober oder grundsätzlich ein Arschloch bist, kaufe diese CD nicht. Es ist mir egal, ob du mich magst, ich hasse dich.«

Anfang 1993, zu einem Zeitpunkt, da Kurt nach dem *Vanity Fair*-Debakel [siehe Kapitel »Kurt und die Medien«] keine Lust hatte, mit der Presse zu sprechen, ließ er sich dennoch auf ein Interview mit *The Advocate* ein, der führenden LGBTQ-Zeitschrift in den USA. Bezugnehmend auf die klare Ansage in den Linernotes erläutert er: »Das war das größte Problem, das ich in dieser Band habe. Ich weiß, dass es diese Leute im Publikum gibt, und ich kann nicht viel dagegen tun.« Auch in dem Interview deutete er eine gewisse Queerness an: »Ich bin definitiv schwul im Geiste, ich könnte wahrscheinlich bisexuell sein.« Möglicherweise war Schwulsein eine Metapher Kurts dafür, dass er sich außerhalb der Mainstreamgesellschaft sah. Weiter heißt es: »Wenn ich Courtney nicht gefunden hätte, hätte ich wahrscheinlich meinen bisexuellen Lebensstil weitergeführt.« Vielleicht kam dies seiner sexuellen Orientierung am nächsten. Damals war das Wort »queer« als (positive) Selbstzuschreibung noch nicht geläufig. Heute würde sich Kurt vermutlich selbst so bezeichnen (sagt auch Michael Azerrad in seiner aktualisierten Version der offiziellen Nirvana-Biographie *Come as You Are*).

Dass Kurt sich für die Rechte queerer Menschen einsetzte, hatte mehrere Gründe. Der Hauptgrund wird ein konkreter Begriff sein, nach dem er versuchte sein Leben auszurichten und der in seinem Abschiedsbrief viermal vorkommt, das letzte Mal sogar doppelt unterstrichen: *Empathie*. Zwischenmenschliche Liebe und Verständnis, gerade für jene, die wie er Außenseiter:innen waren und marginalisiert wurden, gleich aus welchem Grund.

Schon als Teenager war Kurt mit einem schwulen Jungen befreundet, was ihm zunächst gar nicht auffiel. Als der Freund sich outete, umarmte Kurt ihn und versicherte, dass sie nach wie vor befreundet sein würden. »Ich fing an, stolz auf die Tatsache zu sein, dass ich schwul war, obwohl ich es nicht war. Es war ziemlich aufregend, weil ich fast meine Identität gefunden hatte«, sagte Kurt später über diese Erfahrung. Dass Kurt, aus einer sehr konservativen Kleinstadt kommend und mitten in den 1980ern, als die Aidspanik ihren ersten Höhepunkt erreichte, damit so relaxt umging, ist bemerkenswert. Die Freundschaft hielt dennoch nicht – weil Kurt einen schwulen Freund hatte, wurde er noch stärker als zuvor Zielscheibe von Spott und Häme seiner Gleichaltrigen, bis er die Freundschaft beenden musste. Ähnliches erzählt er im Interview mit *The Advocate*, gespickt mit einer guten Portion Cobain-Mythologie:

> Früher habe ich so getan, als wäre ich schwul, nur um die Leute zu verarschen. Seit ich 14 bin, habe ich den Ruf, homosexuell zu sein. Es war wirklich cool, denn ich habe ein paar schwule Freunde in Aberdeen gefunden, was fast unmöglich ist. Es ist erstaunlich, wie ich in Aberdeen überhaupt auf einen Schwulen stoßen konnte! Aber ich hatte einige wirklich gute Freunde. Ich wurde natürlich oft verprügelt, weil ich mit ihnen zu tun hatte.

Für Teenager-Kurt war Homosexualität ein Ventil, um gegen die engstirnige Gesellschaft zu protestieren. »Homo Sex Rules« und »God Is Gay« (ein Zitat, das sich auch im Song »Stay Away« findet) sprayte er nachts in Aberdeen an die Wände, Botschaften, die die meisten anderen Bewohner:innen mit Sicherheit schockierten. »Ich bin nicht schwul, obwohl ich es gerne wäre, um Homofeinde abzufucken«, steht in seinem Tagebuch. In der *Rolling Stone*-Titelstory von Michael Azerrad im Frühling 1992 bringt Kurt seine Gefühle auf den Punkt: »Ich habe definitiv ein Problem mit dem durchschnittlichen Macho, dem starken, ochsenhaften Typ aus der Arbeiterklasse, weil er für mich immer eine Bedrohung war.« Seine Verbundenheit mit der queeren Community hat sehr viel damit zu tun, dass er dem typischen Aberdeener so fern war. »Ich fühle mich definitiv der weiblichen Seite des Menschen näher als der männlichen – oder der amerikanischen Vorstellung davon, was ein Mann sein soll«, sagt er weiter. »Schau dir einfach mal Bierwerbung an, und du wirst verstehen, was ich meine.«

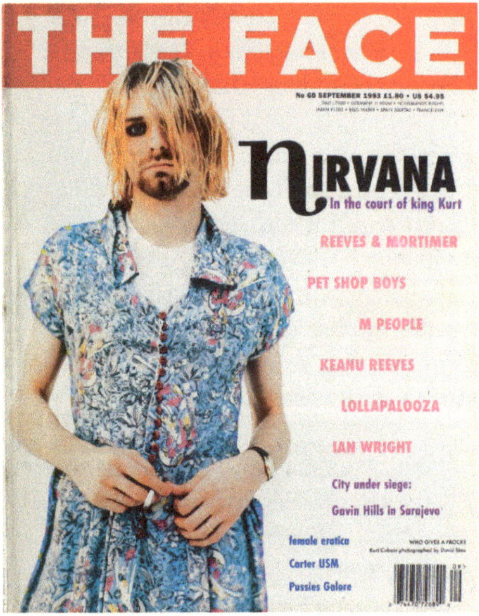


Kurt Cobain auf dem Cover von *The Face*, September 1993

Kurts Affinität zu allem Femininen zeigt sich in seinen Auftritten. Legendär sein Outfit in der MTV-Metal-Sendung *Headbanger's Ball* im Oktober 1991, in der er in einem ausladenden gelben Galakleid auftauchte. »Es ist ein Ball, also muss man ein Kleid tragen«, so Kurts trockener Kommentar. Oder das Konzert in Rio de Janeiro im Januar 1993, bei dem Kurt nicht nur ein Trägerkleidchen, sondern dazu auch eine Krone trug. Es gibt zahlreiche Aufnahmen von Konzerten und Fotoshootings, in denen Kurt in Kleidern, Röcken, mit Eyeliner und Nagellack zu sehen ist. Heute ist das für männliche Künstler nicht mehr ungewöhnlich, obwohl dieses Gender-Bending-Auftreten teilweise immer noch Aufsehen erregt. Zu Kurts Zeiten galt es dagegen als sehr unkonventionell. Aber Kurt kümmerte sich nicht um das, was andere über ihn dachten oder sagten.

Übrigens sprach kein Geringerer als RuPaul, Drag Queen und Host der beliebten Reality-TV-Sendung *RuPaul's Drag Race* (seit 2009), in höchsten Tönen über Kurt, Courtney und Nirvana. In einem Interview aus dem Jahr 2013 mit dem Onlinemagazin *The A. V. Club* erinnert sich RuPaul an eine Begegnung mit Nirvana bei den MTV Video Music Awards 1993. »Kurt Cobain sagte zu mir: ›Weißt du, wir waren in Seattle, um deinen Auftritt zu sehen, aber du warst bereits aufgetreten und gegangen, als wir dort ankamen‹«, so RuPaul.

> Das hat mich gefreut. Das sind Kids, die aus der gleichen respektlosen Hippie- und Bohemementalität kommen wie ich. Also werden sie sich natürlich zu dem hingezogen fühlen, was ich mache […] Viele Leute verstehen nicht, was Drag ist, diese Respektlosigkeit, dieses Augenzwinkern. Kurt Cobain und Courtney Love und die anderen in der Band liebten es, und man konnte es in ihren Gesichtern sehen, als Fotos gemacht wurden. Sie buhten nicht oder nahmen es als einen Joke. Für sie war es verdammt cool. Sie fanden es so cool, dass sie in dem Jahr in meinem Weihnachtsspecial auftraten.

Kurts angedeutete Queerness beschäftigt auch heute noch die Menschen. 2022 wurde in London eine Oper mit dem Titel *Last Days* aufgeführt. Sie ist eine Neuinterpretation des gleichnamigen Films von Gus Van Sant aus dem Jahr 2005, in dem Michael Pitt eine fiktionalisierte Version Kurt Cobains spielt, ein Musiker mit dem Namen Blake, dessen letzten Tage vor seinem Suizid gezeigt werden (Kim Gordon hat übrigens einen Gastauftritt in dem Film). In der Oper nun wird Blake von der französischen Schauspielerin Agathe Rousselle dargestellt. Während Kurt die Ausstattung der Oper – Outfits im »Grunge-Look«, aber von Balenciaga – nicht gefallen hätte, so hätte er das Spiel mit seinem Gender, die Tatsache, dass die Interpretation seiner selbst von einer Frau gespielt wird, gewiss sehr geschätzt.

Selbst wenn Kurt nicht queer war – genau werden wir es nie wissen –, war er wie auch Krist und Dave damals ein Ally, eine progressive Stimme in einer dunklen Zeit, in der homofeindliche Begriffe und Witze über Aids sowie Ausgrenzung von Schwulen und HIV-positiven Personen Usus waren und Unterstützung dringend gebraucht wurde.

# Umbrüche, Abbrüche, Aufbrüche – *Nevermind*-Zeit (1990 bis 1992)

## Dave Grohl

David Eric Grohl wurde am 14. Januar 1969 in Warren, Ohio, geboren, wuchs aber in Springfield, Virginia, auf. Wie bei Kurt und Krist ließen auch seine Eltern sich scheiden, als Dave ein Kind war. Die drei sind keine Ausnahmen: In den 1970er Jahren stieg die Scheidungsrate in den USA erheblich an. Dave, der ein schlechtes Verhältnis zu seinem Vater hatte, wohnte bei seiner Mutter, eine Frau, die er sehr bewunderte (sie starb im August 2022), wie er in seiner Autobiographie *Der Storyteller* (2021) wiederholt betont. Darin beschreibt er auch, dass ihn seine ältere Cousine Tracey als Teenager zum Punkrock brachte. Stundenlang spielte Tracey dem 13-Jährigen Platten von den Dead Kennedys, Black Flag, Minor Threat und Undergroundbands vor, ein echtes Erweckungserlebnis für den kleinen Dave. Wie er mit salbungsvollem Ton formuliert: »Das war der erste Tag vom Rest meines Lebens.«

Dave begann Gitarre zu lernen und Schlagzeug mit Hilfe eines Kissens statt einer Trommel, auf das er in seinem Kinderzimmer mit aller Wucht eindrosch – vielleicht der Grund für sein brachiales Spiel später und dafür, dass er bei Auftritten öfter mal seine Drumsticks kaputtschlug. Als er mit 17 Jahren die Möglichkeit hatte, als Drummer in die Hardcore-Punkband Scream aus Washington, D. C., einzusteigen (er tischte den bedeutend älteren Bandmitgliedern eine Lüge über sein Alter auf), entschied sich Dave für den Punk und gegen die Highschool. Genau wie Kurt brach er die Schule ab, eine weitere Gemeinsamkeit (Krist machte seinen Abschluss). Vier Jahre lang war er mit Scream unterwegs, tourte unter anderem durch die Vereinigten Staaten und Europa. Als im Sommer 1990 der Bassist Skeeter Thompson einfach türmte, lösten sich Scream temporär auf. Was für Dave Grohl erst nach einer Vollkatastrophe aussah, wurde kurz darauf sein großer Glücksfall. Denn Nirvana waren gerade auf der Suche nach einem Ersatz für Chad Channing.

Vorübergehend sprang mal wieder Dale Crover ein, aber der Melvins-Drummer hatte anderweitige Verpflichtungen, Dan Peters, der Schlagzeuger von Mudhoney, trat ebenfalls einmal mit Nirvana auf. Bei jenem Konzert am 22. September 1990 befand sich auch der damals 21-jährige Dave Grohl im Publikum. Es war schließlich Buzz Osborne, Sänger der Melvins, Freund und Vorbild von Kurt, der die Schicksalsfee spielte: Er gab Dave die Telefonnummern von Kurt und Krist, die Dave prompt zum Vorspielen einluden. Die endgültige Trennung von Scream, der Band, mit der er jahrelang gespielt hatte und mit deren Mitgliedern er befreundet war, fiel Dave dennoch nicht leicht. Als eine Art Wiedergutmachung trug er – wenn auch nur schwer erkennbar – ein Scream-T-Shirt im Musikvideo zu »Smells Like Teen Spirit«. Nur 20 Tage später spielten Dave, Kurt und Krist ihr erstes gemeinsames Konzert. Auf einem handgeschriebenen Flyer heißt es im für Kurt typischen

Stil, einer Mischung aus Ernsthaftigkeit und ironischer Übertreibung:

> Neuer Schlagzeuger!!!! Dieser neue Junge kann nicht so gut tanzen wie deine MTV-Lieblinge, aber er drischt auf die Drums ein, als würde er ihnen die Scheiße aus dem Kopf prügeln! Sein Name ist Dave Grohl. Dave war früher Mitglied der Band Scream aus Washington, D. C. Er hat das zermürbende Nirvana-Initiationsritual mit Bravour bestanden und ist nun ein wichtiger Eckpfeiler in der Institution Nirvana.

Nirvana waren neugeboren.

Kurt hatte mit Tobi Vail inzwischen eine neue Freundin, die ihn politisch stark beeinflusste. Zusammen mit Kathleen Hanna hatte sie die Band Bikini Kill gegründet, war Teil der Riot-Grrrl-Bewegung und diskutierte mit Kathleen und Kurt leidenschaftlich über feministische Theorien und den vorherrschenden Sexismus in der Punkrockszene. In die Annalen der Nirvana-Geschichte gehen Tobi und Kathleen aber noch aus einem anderen Grund ein: Tobi benutzte damals ein Deo, das »Teen Spirit« hieß – und Kathleen sprühte eines Abends aus Witz »Kurt smells like teen spirit« an Kurts Wand. Kurt selbst sagte später, er habe erst Monate nach dem Release von »Smells Like Teen Spirit« diese Anspielung verstanden und geglaubt, es handele sich bei dem Spruch um eine Revolution von Teens.

Dank der Aufmerksamkeit, die der Seattle-Sound allmählich überregional erhielt, konnten Nirvana nun auch einen eigenen Manager engagieren (wobei dies größer klingt, als es de facto war – es ging primär um Beratung und darum, Nirvanas und vor allem Kurts Interessen durchzusetzen): Danny Gold-

**Covers und Samples**

Während Nirvana selbst gerne andere Bands coverten, gibt es erstaunlich wenige Covers von Nirvana-Songs – zumindest was Studioaufnahmen betrifft. Schon 1992 coverte Tori Amos »Smells Like Teen Spirit« und machte daraus eine Ballade. Eine sehr interessante Interpretation, wobei die teilweise unsinnigen Lyrics durch dieses Arrangement stärker ins Gewicht fallen. Erwähnung verdient auch Patti Smiths Variante (2007), die mit einem Spoken-Words-Part wie ein typisches Patti-Smith-Lied klingt. Am bekanntesten ist aber die Parodie von Weird Al Yankovic, der im Frühling 1992 mit »Smells Like Nirvana« Erfolg hatte. Auch Sinéad O'Connor wagte sich an eine Studioaufnahme und veröffentlichte 1994 ihre Variante von »All Apologies«. Gesampelt wurden Nirvana-Lieder wiederum oft. Prodigy etwa nutzen das Gitarrenriff von »Very Ape« für ihren Song »Voodoo People« (1994), Jay-Z und Justin Timberlake verwendeten Elemente von »Smells Like Teen Spirit« in »Holy Grail« (2013), Lil Nas X von »In Bloom« in »Panini« (2019) – die Musik von Nirvana funktioniert auch in rockfernen Genres.

berg von Gold Mountain. Als sich Kurt und Goldberg kennenlernten, war ersterer 23, letzterer 40 Jahre alt. Goldberg wurde für Kurt schnell ein Mentor und eine Art Vaterfigur, eine Vertrauensperson bis kurz vor seinem Tod. Dass sich Kurt, Krist und Dave überhaupt für eine professionelle Vertretung entschieden, hat viel damit zu tun, dass Gold Mountain kurz davor Sonic Youth unter Vertrag genommen hatte. Die Band aus New York City war nicht nur seit Jahren eine anerkannte und vielgeachtete Größe in der Indie-Musikwelt, ihre Mitglieder, allen voran Kim Gordon und Thurston Moore, waren außerdem mit Nirvana befreundet. Gerade Kim und Kurt hatten eine besondere Bindung, eine »Freundschaft oder Seelenverwandtschaft«, wie sie es in ihrer Autobiographie *Girl in a Band* (2015) formuliert.

Die Credentials, die Gold Mountain dank Sonic Youth hatte, waren für Nirvana schließlich ausschlaggebend. Ebenso bei der späteren Entscheidung für das Plattenlabel DGC Records, das zu Geffen gehört. Kurt hatte zwei Seelen in seiner Brust: Einerseits haderte er damit, zu einem Major-Label zu gehen und damit die Prinzipien des Punkrocks zu verraten, andererseits arbeitete er hart dafür, endlich erfolgreich und berühmt zu werden. Ihn bestärkte schließlich, dass Sonic Youth im Juni 1990 ihre Platte *Goo* bei DGC veröffentlichten. Finanziell trug diese schrittweise Professionalisierung zunächst aber keine Früchte. Im Herbst 1990 zogen Kurt und Dave zusammen in eine runtergekommene, dreckige Bruchbude. Das erste Honorar, das Dave von Geffen erhielt, betrug lediglich 400 Dollar. In *Der Storyteller* beschreibt er, wie er und Kurt sich mit einem Corn-Dog-Sonderangebot (»drei für 90 Cent«) von der Tankstelle nebenan über Wasser hielten.

Im selben Zeitraum, im Spätherbst 1990, nahm Kurt zum ersten Mal Heroin. Das heißt, er behauptete später, schon in den 1980ern in Aberdeen Heroin probiert zu haben, was von seinen damaligen Freund:innen allerdings bezweifelt wird, weil Heroin in Aberdeen keine gängige Droge war. Zuvor hatte Kurt vor allem Acid, LSD und Marihuana konsumiert. Charles R. Cross beschreibt in *Der Himmel über Nirvana*, wie Kurt daraufhin Krist angerufen und von seiner Erfahrung berichtet habe. Dieser äußerte Bedenken: »Eigentlich solltest du ja nicht.

Schau dir Andy Wood an.« Der Sänger der Grungeband Mother Love Bone war im März 1990 im Alter von 24 Jahren an einer Heroinüberdosis verstorben. (Zwei der Mitglieder gründeten später Pearl Jam.)

Einer der Gründe, die Kurt zeit seines Lebens für seinen Heroinkonsum angab, waren seine heftigen Magenschmerzen, die so schlimm waren, dass er nur sehr wenig Nahrung zu sich nahm – um zu verbergen, wie dünn er war, trug er oft mehrere Lagen Kleidung. Nun ist dies natürlich kein guter Grund, um Drogen zu nehmen. Ausgedacht hat er sich diesen aber nicht: Schon in jungen Jahren klagte er über Magenschmerzen und Brechanfälle, suchte immer wieder Ärzt:innen und Spezialist:innen auf, um die Ursache zu ermitteln. »Jedes Mal, wenn ich einen Bissen Essen schluckte, hatte ich ein unerträgliches Brennen, Schmerzen, bei denen mir total schlecht wurde im oberen Bereich meiner Magenschleimhaut«, schilderte er in seinem Tagebuch (und auch in seinem Abschiedsbrief gibt es einen Verweis auf die Magenprobleme). Woher diese Schmerzattacken kamen, ist nicht gesichert. Möglicherweise von einer Wirbelsäulenverkrümmung, vielleicht waren sie auch psychosomatisch bedingt. Ganz sicher haben seine Essgewohnheiten – Kurt aß im Prinzip nur Fast Food und mied alles, was nur annähernd gesund gewesen wäre, wie die Katze das Wasser – nicht gerade zur Linderung beigetragen. Bereits während der Tour 1991 sei er wegen seiner Schmerzen suizidal gewesen, sagte Kurt Michael Azerrad: »Wenn ich mich schon umbringe, dann aus einem anderen Grund und nicht wegen blödsinniger Magenprobleme. Also beschloss ich, exzessiv alles [gemeint sind Drogen] auf einmal zu nehmen.«

Die erste Hälfte des Jahres 1991 war vor allem geprägt durch Proben und Aufnahmen für das Album *Sheep*, was Kurt erst in

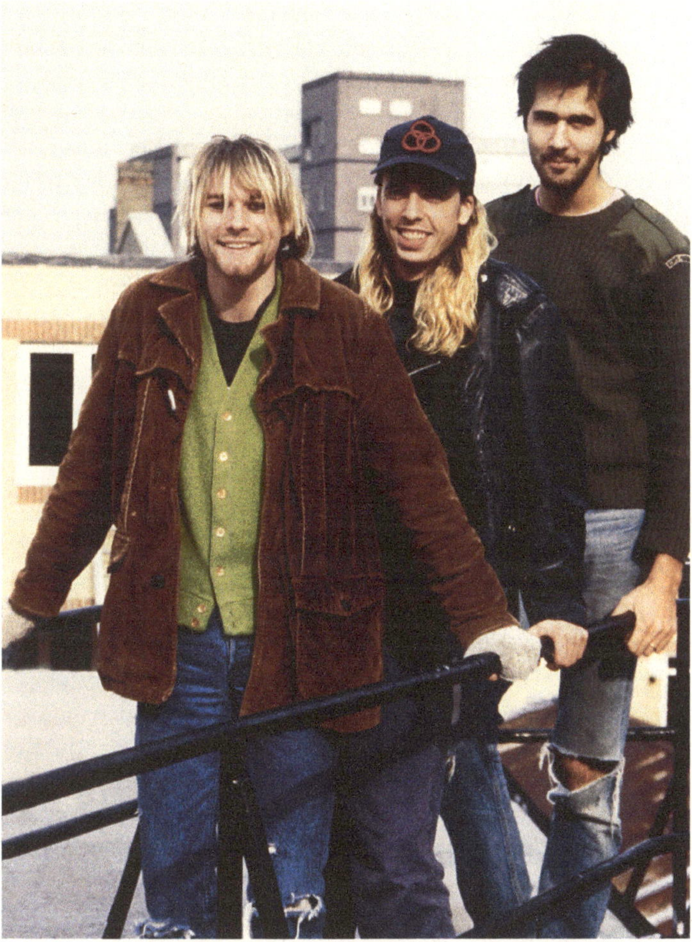

Endlich vereint: Kurt Cobain, Dave Grohl und Krist Novoselic im Oktober 1990

letzter Minute zu *Nevermind* umtaufte. Außerdem lernte er Courtney Love kennen. Es gibt viele Varianten der Geschichte, wann und wie Courtney und Kurt zusammenkamen. Sie sahen sich wohl auf ein, zwei Konzerten – die erste richtige Begegnung soll innerhalb von wenigen Minuten (nicht untypisch für Courtney) am Boden in einem Wrestlingmatch zwischen den beiden geendet haben. Die drei Jahre ältere Courtney hatte in der Indie-Szene bereits auf sich aufmerksam gemacht; nach einem sehr bewegten Leben, das sie in zahlreichen Ländern verbrachte, hatte Courtney 1989 ihre Band Hole gegründet, deren Leadsängerin sie war. Am 23. August 1991, also einen Monat vor *Nevermind*, erschien Holes Debütalbum *Pretty on the Inside*, das wenig kommerziellen Erfolg hatte, aber von der Kritik größtenteils gefeiert wurde.

Zu dem Zeitpunkt, als Courtney Kurt kennenlernte, war sie noch mit Billy Corgan von den Smashing Pumpkins zusammen. Wann genau sich die beiden trennten, ist ebenso ungewiss. Sicher ist: Bis Kurt und Courtney nach ihrem ersten Wrestlingmatch ein Paar wurden, vergingen noch einige Monate. Tobi und Kurt wiederum hatten sich nach wenigen Monaten getrennt, blieben aber miteinander befreundet. Im Sommer galt es mit Auftritten und Releasepartys (von ihrer ersten wurde die Band wegen einer Essensschlacht rausgeschmissen) wichtige Akteur:innen in der Musikbranche von dem rauen, ungefilterten Sound Nirvanas zu überzeugen, der nicht nur anders war als das, was im Radio lief, sondern vor allem auch anders als die populären Rock- und Metalbands jener Ära wie etwa Guns N' Roses, Bon Jovi, Def Leppard, Mötley Crüe oder Aerosmith. Im Prinzip alle, die Nirvana zu jener Zeit live erlebten, merkten augenblicklich: Diese Band ist etwas ganz Besonderes.

Im August gingen Nirvana mit Sonic Youth auf Europatour,

das Video für »Smells Like Teen Spirit« war abgedreht (komplett nach Kurts Konzept), der Release von *Nevermind* am 24. September 1991 stand kurz bevor. »Die beste Zeit für eine Band ist genau dann, bevor sie richtig populär wird«, sagte Kurt später zu Azerrad. Es war in der Tat eine aufregende Zeit; dass Nirvana das Potential hatten, eine überaus erfolgreiche Band zu werden, lag in der Luft. Es war aber auch eine merkwürdige Zeit; viele hatten inzwischen von Nirvana gehört, ohne aber die Musik zu kennen, weil es keinen großen Vertrieb gab und die Songs noch nicht im Mainstreamradio liefen. Bei Geffen gab man sich mit der Erfolgserwartung betont verhalten: Die Erstauflage von *Nevermind* betrug 50 000 Stück, zwar durchaus beachtlich für eine noch so unbekannte Band, aber nicht herausragend. Am 29. September lief »Smells Like Teen Spirit« erstmals auf MTV, in der Alternative-Music-Sendung *120 Minutes*. Bereits am 12. Oktober stand fest, dass *Nevermind* dank 500 000 verkaufter Exemplare Gold erhalten würde – ein Ziel, das Geffen erst ein Jahr später zu erreichen gehofft hatte.

### *Nevermind* (1991)

Der größte Einfluss von *Nevermind* mag trotz der mehr als insgesamt 30 Millionen verkauften Exemplare gar nicht die Musik sein, sondern ein Rechtschreibfehler: Schaut man sich im englischsprachigen Internet um, sieht man erstaunlich oft, dass Menschen »nevermind« statt »never mind« schreiben – Kurt, der den Titel nicht nur deswegen gewählt hatte, weil er eine gewisse Haltung wiedergibt und weil er eine Sex-Pistols-Referenz ist, sondern eben auch wegen des orthographischen Fehlers, hätte das sicherlich sehr gefallen.

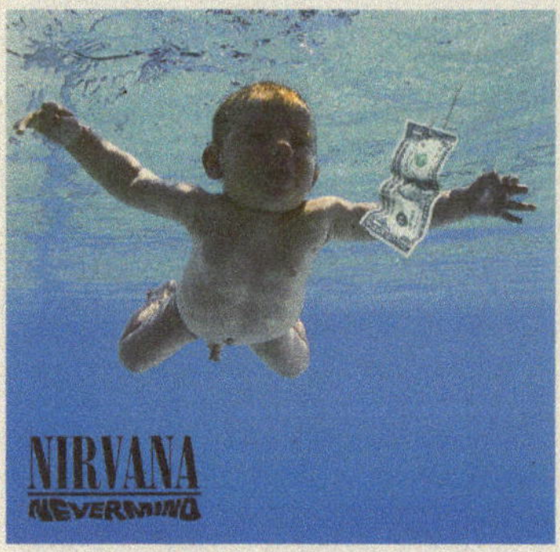


Dieses Album hat auch eine der Liedzeilen, die in Zusammenhang mit Kurt am häufigsten zitiert werden: »I swear I don't have a gun« aus »Come as You Are«. Gegen die Überinterpretation seiner Lyrics verweigerte Kurt sich immer. »Wenn ich in einem Song ›ich‹ sage, muss das nicht zwangsläufig heißen, dass ich gemeint bin, und es bedeutet ebenfalls nicht, dass ich einfach irgendwas erfinde«, schrieb er etwa in seinen Tagebüchern. Michael Azerrad sagte er, er würde sich die meisten Texte einfach spontan ausdenken. Teilweise stimmt das, denn oft waren ihm die Klänge wichtiger als der Inhalt, und er improvisierte Stellen direkt vor Ort (so kamen holprige Zeilen wie »I'm on a plain / I can't complain« in »On a Plain« zustande), aber Fakt ist auch, dass Kurt an den meisten seiner Lyrics sehr lange feilte. Das ist an den vielen Entwürfen in seinen Notizbüchern und an alten Songaufnahmen, die mitunter noch ganz andere Texte haben, unschwer zu erkennen. Dennoch muss nicht alles wörtlich verstanden werden, und so ist es doch eher wenig ergiebig, »I don't have a gun« als autobiographische Trickserei auszulegen.

Aufgenommen wurde *Nevermind* an 16 Tagen im Mai und Juni 1991 in den Sound City Studios in Van Nuys, Kalifornien, produziert von Butch Vig und mit einem Budget von 65 000 Dollar, also mehr als dem Hundertfachen von *Bleach*. Das ikonische Cover, eines der bekanntesten der Popgeschichte, ziert das Foto eines kleinen Babys – Spencer Elden –, das nach einer Dollarnote greift, eine Idee, auf die Kurt kam, nachdem er eine Doku über Wassergeburten gesehen hatte. Die meisten Lieder folgen der musikalischen Struktur, für die Nirvana berühmt wurde, einer Abwechslung von eher ruhigen Versen mit sehr lautem Chorus. Lyrisch bietet *Nevermind* viele düstere Elemente auf. Es geht unter anderem um Frustration und Einsamkeit, viele Textzeilen darf man aber auch durchaus als humorvoll oder mindestens ironisch verstehen. Da das Album ohne offizielle Lyrics veröffentlicht wurde (im Booklet ist nur eine Art Gedicht abgedruckt, ein Best-of mit Zeilen aus den Liedern) und Kurt nicht immer verständlich singt, gibt es zu den *Nevermind*- wie auch zu vielen anderen Nirvana-Songs verschiedene Variationen der Lyrics und mindestens ebenso viele Interpretationen.

Vier der Songs wurden als Singles veröffentlicht: »Smells Like Teen Spirit«, »Come as You Are«, »Lithium« und »In Bloom«. Und wie mit »Paper Cuts« auf *Bleach* gibt es mit »Polly« auch auf *Nevermind* einen Song, dem eine wahre Geschichte zugrunde liegt: Er erzählt von einer jungen Frau, die 1987 auf der Rückkehr von einem Punkrockkonzert in

Tacoma, Washington, von einem Mann entführt und wiederholt vergewaltigt wurde, bis sie so tat, als würde es ihr gefallen, damit er ihre Fesseln löste. Kurt verarbeitete darin ein Thema, das ihn schwer beschäftigte: (sexualisierte) Gewalt gegen Frauen.

Herausragend ist auch »Something in the Way«, auf das nach zehn Minuten Leerlauf plötzlich der Krachsong »Endless, Nameless« als Hidden-Track folgt (und viele beim erstmaligen Hören entsprechend erschreckte). »Something in the Way« war am schwierigsten einzuspielen, weil keine der Studioaufnahmen so klang, wie Kurt es sich vorgestellt hatte. Schließlich ging er zu Butch Vig in den Kontrollraum. »Voller Frustration setze er sich auf die Couch und sagte: So soll das klingen. Er nahm seine Gitarre in die Hand und sang leise. Es klang wie ein Flüstern«, erzählte Vig später. Kurzerhand schickte er alle Leute raus, ließ Telefon, Klimaanlage und sämtliche sonstigen elektronischen Geräte ausschalten, holte Mikrophone und nahm den Song akustisch auf: nur mit Kurts Stimme und Gitarre. Krist und Dave spielten separat; gerade für Dave, der es gewohnt war, auf das Schlagzeug einzuprügeln, eine sehr große Herausforderung.

Den übertroffenen Erwartungshaltungen zum Trotz stieg das Album in den US-amerikanischen Billboard-200-Charts eher langsam auf, für eine unbekannte Band war die Entwicklung dennoch beachtlich. Bemerkenswert ist, dass dahinter keine große Marketingkampagne stand, *Nevermind* wurde vor allem durch Mund-zu-Mund-Propaganda bekannt. (Nicht unerwähnt soll bleiben, dass die langsamen Verkäufe teils auch damit zu tun hatten, dass Geffen mit dem Pressen neuer Platten nicht hinterherkam.) Das Album stieg auf Platz 144 ein, zwei Monate später waren eine Million Exemplare verkauft. Es sollte aber Monate dauern, um genau zu sein bis zum 11. Januar 1992, bis das eintrat, wovon heute gerne erzählt wird: wie Nirvanas *Nevermind* Michael Jackson und sein Album *Dangerous* von Platz eins der Billboard-Charts kickte. Inzwischen gehört *Nevermind* zu den kommerziell erfolgreichsten Alben aller Zeiten.

Unterdessen waren Nirvana wieder auf Tour, und mit jedem Auftritt nahm der Buzz weiter zu. Die kleinen Konzertlocations, die vor der Veröffentlichung von »Smells Like Teen Spirit« und *Nevermind* gebucht worden waren, reichten schnell nicht mehr aus, um dem Andrang der Fans gerecht zu werden. Die Reaktion von Kurt, Krist und Dave auf dieses gewaltige Interesse war zwiegespalten, gerade bei Kurt. Einerseits hatte er jetzt das erreicht, worauf er hingearbeitet hatte, seit er ein Teenager war, andererseits kamen er und die anderen beiden sich vor wie Sellouts – typische Gedanken für die Generation X, typische Gedanken für Menschen, die aus dem Underground und der Punkmusik kommen. Verraten wir unsere Ideale, wenn plötzlich die Leute, die wir immer verachtet haben, unsere Musik feiern? Wenn wir in die Heavy Rotation bei MTV aufgenommen werden? Man uns überall Mikros unter die Nase hält?

Für Kurt war die Situation ungleich krasser als für Krist und Dave. Nicht nur – aber auch –, weil sein Heroinkonsum zunahm. Als charismatischer Leadsänger, Frontmann, als Songwriter und Gitarrist war er *das* Gesicht der Band und dieses Erfolgs. Seine beiden Kollegen konnten in der Öffentlichkeit zumeist unerkannt bleiben, während Kurt innerhalb kürzester

Zeit zum Superstar wurde und keine ruhige Minute, keine Privatsphäre mehr hatte.

Im November flog die Band nach Europa und besuchte in diesem Rahmen auch Deutschland. Nachdem Nirvana im August in Köln, Bremen, Halle, Stuttgart und Nürnberg aufgetreten waren, folgten jetzt Berlin, Frankfurt, Hamburg und München. In England waren sie in die Musikfernsehsendung *Top of the Pops* eingeladen – eine sehr beliebte Sendung zwar, aber bekannt dafür, dass nur Playback gespielt werden durfte. Als Punkrock- und Liveband ging das Nirvana natürlich gehörig gegen den Strich. Schließlich einigte man sich mit den Produzent:innen darauf, dass die Musik vom Band gespielt werden würde, Kurt aber live singen dürfte. Doch Nirvana wären nicht Nirvana, wenn sie das nicht auf ironische Weise sabotiert hätten. Kurt, Krist und Dave machten absichtlich absurde und falsche Pantomime oder berührten ihre Instrumente gar nicht, so dass offensichtlich war, dass sie nicht live spielten. Und Kurt sang in einer verzerrten, sehr tiefen, an Morrissey angelehnten Stimme Unsinnslyrics zum Hit »Smells Like Teen Spirit«.

Während ihrer Europatour wuchs der Nirvana-Hype ins Unermessliche, und gleichzeitig war der Erfolg für Kurt, Krist und Dave noch nicht wirklich greifbar. Zwar waren die Konzertlocations voll, und es gab immer mehr Interviewanfragen, gleichzeitig hatten sie aber nach wie vor gar kein Geld und einen so straffen Zeitplan, dass sie keine ruhige Minute hatten, um zu begreifen, was gerade geschah. Das Jahr 1991 beendeten sie schließlich mit einer Miniwestküstentour gemeinsam mit Pearl Jam und den Red Hot Chili Peppers.

1992 begann sehr holprig für Nirvana. Kurts Heroinkonsum geriet außer Kontrolle; zusammen mit Courtney war er nach Los Angeles gezogen und nahm die Droge jetzt regelmäßig. In der Nirvanalogie wird Courtney gerne als die Punkrockversion von Yoko Ono dargestellt, als diejenige, die Kurt abhängig gemacht hätte, sich von ihm Lieder für Hole schreiben ließ und Nirvana fast die Trennung brachte. Tatsache ist, dass Kurt schon vor seiner Beziehung mit Courtney angefangen hatte, immer häufiger zu drücken, und Hole zu dem Zeitpunkt, als Courtney und Kurt zusammenkamen, bereits erste Erfolge erzielte. Für Courtneys Image und ihre Glaubwürdigkeit als ernstzunehmende Sängerin und Songwriterin war die Beziehung mit Kurt sogar hinderlich, weil sie als sein *plus one* galt.

Kurt war einfallsreich genug, um einen Großteil der Kritik an ihm vorwegzunehmen. Über seinen Heroinkonsum machte er etwa einen Witz, indem er und Courtney unter dem bürgerlichen Namen von Sid Vicious, Simon Ritchie, in Hotels eincheckten. (Der britische Punkmusiker war 1979 im New Yorker Chelsea Hotel an einer Überdosis gestorben.) Als Nirvana erfolgreich wurden, designte Kurt ein Shirt, auf dem unter anderem »Corporate Rock Whores« stand. Auch wenn er dem Erfolg mit Ironie begegnete, konnte er seine Angst vor Zurückweisung gerade aus der Seattle-Szene nie ablegen. Und doch wollte Kurt sich auch von ihr abheben. Als Regisseur Cameron Crowe anfragte, einen Nirvana-Song für seinen Film *Singles* (1992) zu verwenden, lehnte Kurt ab, um nicht mit den anderen Seattle-Bands in einen Topf geworfen zu werden. Auf dem Soundtrack finden sich unter anderem Soundgarden, Alice in Chains, Mudhoney, Pearl Jam und die Screaming Trees.

Am 11. Januar traten Nirvana bei *Saturday Night Life* auf, was in den USA einem Ritterschlag gleichkommt. Einige Stunden zuvor hatte die Band ein Fotoshooting mit Michael Lavine; auf den Bildern ist zu erkennen, wie high Kurt ist, der immer wieder wegnickte. Beim Fernsehauftritt spielten sie dann »Smells Like Teen Spirit« und – sehr zum Missfallen der Produzent:innen – das lauteste und härteste Lied von *Nevermind*, »Territorial Pissings«, um daraufhin ihre Instrumente zu zertrümmern. Bemerkenswert ist der Auftritt aber auch, weil sich am Ende der Sendung Kurt, Krist und Dave auf den Mund küssen, »um Rednecks und Homofeinde abzufucken«, wie Kurt später erklärte. Das Musikvideo zu »Come as You Are« (die Single wurde Anfang März veröffentlicht), das in dieser Heroinphase aufgenommen wurde, zeigt Kurt nur verschwommen, um seinen Zustand zu verschleiern. »Bis heute kann ich mir ›Come as You Are‹ kaum ansehen, denn ich weiß einfach, wie es Kurt damals ging«, schreibt Dave in *Der Storyteller*.

Im Januar und Februar tourte die Band durch Australien und Japan, aber intern war die Stimmung alles andere als gut. Nach dem Ende der Tour heirateten Kurt und Courtney am 24. Februar in Hawaii – er im Schlafanzug, sie in einem Kleid von der Schauspielerin Frances Farmer. Dave war bei der Hochzeit zwar anwesend, Krist aber nicht, weil Kurt und Courtney Krists Frau Shelli explizit nicht eingeladen hatten. Über den genauen Grund kann man nur mutmaßen, sehr wahrscheinlich glaubten Courtney und Kurt (wohl nicht ganz zu Unrecht), dass Shelli nicht nur gute Worte über Courtney verloren hatte.

Ein weiterer Meilenstein für die Band war unterdessen, dass Kurt, Krist und Dave das Cover der Aprilausgabe des US-amerikanischen *Rolling Stone* zierten [siehe Kapitel »Kurt und die Medien«].

Und dann gab es eine weitere Neuigkeit, die Kurts Leben für immer verändern sollte: Courtney war schwanger. Diese Schwangerschaft hätte kaum zu einem ungünstigeren Zeitpunkt kommen können. Kurt und Courtney wollten zwar eigentlich eine Familie gründen. Dass er so jung oder überhaupt geheiratet hatte, passt nicht zur Punkrockattitüde, gehört aber zu den vielen Widersprüchlichkeiten von Kurt. Da er als Kind so sehr unter der Trennung seiner Eltern gelitten hatte, wollte er nichts mehr, als selbst eine heile Familie zu haben, und mit Kindern verstand er sich ohnehin sehr gut. Aber sowohl Kurt als auch Courtney waren zu dem Zeitpunkt heroinabhängig, und die Öffentlichkeit hatte Wind davon bekommen. Es kursierten viele Gerüchte, die von der Presse aufgenommen und aufgebauscht wurden. Sobald Courtney von ihrer Schwangerschaft erfuhr, begann sie mit einem Entzug, und sämtliche Expert:innen versicherten ihr, dass Heroin dem Embryo in einem so frühen Stadium nicht schaden würde. Als Frances Bean Cobain am 18. August 1992 kerngesund geboren wurde, atmeten trotzdem alle im Nirvana-Umfeld erleichtert auf.

Neben all den Kräften, die von innen und außen auf die Band wirkten und sie zu zerreißen drohten, verursachte Kurt weitere Unstimmigkeiten. Bisher hatten er, Dave und Krist sich, wie es bei noch unbekannten, kleinen Bands üblich ist, die Tantiemen gleichmäßig geteilt. Jetzt beschloss Kurt, dass ihm 75 Prozent der Musik- und 100 Prozent der Songwritingeinnahmen zustünden – wohl wegen der Armut, aus der er kam, und im Wissen um die bevorstehende Geburt seiner Tochter. Das ist einerseits durchaus legitim, immerhin schrieb Kurt fast alle Songs alleine. Andererseits ist es schwierig, einen kreativen Prozess aufzudröseln – vieles entsteht beim gemeinsamen Jammen. Vor allem mit einer weiteren Forderung fiel

Kurt seinen beiden Freunden in den Rücken: Die Abmachung sollte nachträglich auch für *Nevermind* gelten. Da Kurt wie immer sämtliche Konfrontationen vermied und auf Tauchkurs ging, sollte Manager Danny Goldberg die Bandkollegen darüber informieren. »Mir graute davor, Krist und Dave über diese Entwicklung in Kenntnis zu setzen, denn schließlich waren schon viele Bands an dieser Frage zerbrochen«, schreibt er in *Erinnerungen an Kurt Cobain*. Die beiden hätten erst cool reagiert, aber später habe er erfahren, »dass diese Veränderung in der finanziellen Dynamik langfristig doch das gute Verhältnis zwischen den Bandmitgliedern beeinträchtigte«. Am Ende einigte man sich auf den Kompromiss, dass alle drei beim mit Abstand erfolgreichsten Song »Smells Like Teen Spirit« als Co-Autoren gelten würden, und die Wogen waren geglättet.

Die vielen Veränderungen innerhalb weniger Monate, der kometenhafte, unerwartete Erfolg, die Drogen, Courtneys Anwesenheit, die anstrengenden Touren und nun der Streit um die Tantiemen forderten dennoch ihren Tribut. Kurt hatte sich von Krist und Dave entfernt, die nächsten Monate sollten sie kaum miteinander sprechen, und trotz der *Rolling Stone*-Titelgeschichte, die sämtliche Spannungen herunterspielte, wusste keiner, ob die Band überhaupt noch existierte. Im Juni und Juli schließlich gingen Nirvana auf eine kurze Europatour und spielten zehn Konzerte, im August kam Frances Bean auf die Welt. (Michael Stipe von R.E.M. und Drew Barrymore sind übrigens ihre Pat:innen.) Doch die Freude über die Geburt ihrer Tochter wurde für Kurt und Courtney von einem Skandal überschattet. Wenige Tage vor der Geburt erschien in *Vanity Fair* ein Artikel mit der Überschrift »Strange Love«. Es war ein Porträt über Kurt und Courtney, geschrieben von Lynn Hirschberg [siehe Kapitel »Kurt und die Medien«]. Und es schlug ins

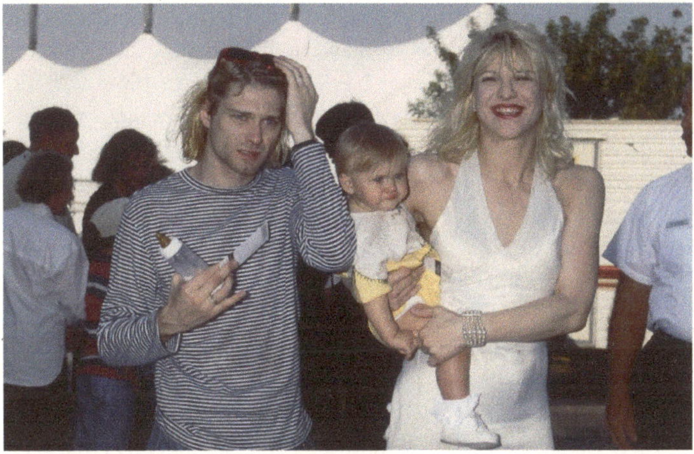

Kurt, Frances Bean und Courtney im September 1993

Nirvana-Lager ein wie eine Bombe. Hirschberg deutet darin an, dass Courtney während der Schwangerschaft Heroin genommen habe. Besonders schädlich waren zwei Dinge. Zum einen die wörtlichen Zitate von Courtney, die in einer Mischung aus ihrer typischen Boldness, einer überraschend naiven Ehrlichkeit und einer gehörigen Portion ironischer Übertreibung, die sich nicht aufs Papier übertragen lässt, nicht gerade einen sympathischen Eindruck erwecken. Und zum anderen waren da anonyme »Freund:innen«, die im Porträt zitiert werden, unter anderem mit der Aussage: »Es ist entsetzlich, dass sie Drogen nimmt, obwohl sie weiß, dass sie schwanger ist«, und: »Wir machen uns alle Sorgen ums Baby.«

Die Folgen des *Vanity Fair*-Artikels waren nicht nur ein absolutes PR-Desaster für Kurt und Courtney, auf das sich sämtliche Medien stürzten, sondern auch rechtlicher Natur. Sie verloren zeitweise das Sorgerecht für Frances und mussten Courtneys Halbschwester Jamie Rodriguez als temporäre Erziehungsberechtigte einsetzen. Erst am 25. März 1993 bekamen die Eltern das uneingeschränkte Sorgerecht für Frances Bean Cobain zurück. In diese Zeit fällt auch ein anderes unrühmliches Kapitel von Kurt und Courtney. Zwei britische Journalistinnen, Victoria Clarke und Britt Collins, planten, eine unautorisierte Biographie über sie zu veröffentlichen. Das Paar hinterließ mehrere Drohnachrichten auf ihren Anrufbeantwortern. »Wenn irgendetwas in diesem Buch rauskommt, das meine Frau verletzt, werde ich euch verdammt weh tun«, hört man Kurt in einer dieser Nachrichten. Sehr untypisch für einen Menschen, der sich immer für Frauenrechte eingesetzt hatte. Man merkt daran, wie sehr ihm der *Vanity Fair*-Skandal und der Verlust des uneingeschränkten Sorgerechts für seine Tochter zusetzten. Zu entschuldigen sind diese Drohungen aber natürlich nicht. Erfolg hatte ihre Strategie dennoch: Clarke und Collins ließen ab von ihrer Idee, eine Biographie zu schreiben. Bemüht um Schadensbegrenzung, machten Kurt, Courtney, die Band und ihr Management sich daran, ihr öffentliches Image aufzupolieren. Michael Azerrad, der zuvor die *Rolling Stone*-Titelgeschichte geschrieben hatte, wurde engagiert, um eine autorisierte Biographie zu verfassen. In *Come as You Are*, die gleichzeitig mit *In Utero* erschien, wird Kurts Drogenkonsum heruntergespielt.

Nach dieser sehr schwierigen Zeit war das Reading-Festival in England der große Befreiungsschlag – und das, obwohl Nirvana seit Monaten kaum zusammen gespielt hatten. »Die Show war ein wirklich beruhigender, wirklich magischer Moment, in dem alles zur richtigen Zeit zusammenkam«, sagte

Dave viele Jahre später darüber. Zu Beginn des Auftritts wurde Kurt vom britischen Musikjournalisten Everett True in Krankenhauskleidung und in einem Rollstuhl auf die Bühne gefahren, während Krist sagte: »Mit der Unterstützung seiner Freunde und Familie wird er es schaffen.« Kurt richtete sich schwerfällig auf, sang einige Zeilen des Bette-Middler-Songs »The Rose« (übrigens ein Soundtracksong zum gleichnamigen Film aus dem Jahr 1979, in dem eine Rocksängerin an einer Heroinüberdosis stirbt) – und fiel dann zu Boden. Nur um direkt wieder aufzuspringen, sich eine Gitarre zu schnappen und mit »Breed« loszulegen. Es war der Beweis: Trotz allem, was in den vergangenen Monaten passiert war, hatten Nirvana ihren Sinn für Humor nicht verloren. Später zeigte sich die Band auch selbstironisch. Sie spielten mehrere Takte von Bostons »More Than a Feeling«, bevor sie nahtlos zu »Smells Like Teen Spirit« übergingen – Kritiker:innen hatten ihnen öfters vorgeworfen, bei Boston geklaut zu haben.

Am Ende des Konzerts sprach Kurt schließlich die Gerüchte um Courtneys Drogenkonsum während der Schwangerschaft an. Bevor Nirvana zum ersten Mal »All Apologies« spielten, sagte er: »Dieses Lied ist meiner zwölf Tage alten Tochter und meiner Frau gewidmet. Es wurden einige ziemlich extreme Dinge über sie geschrieben, und sie glaubt, dass jeder sie hasst.« Und dann bat er das Publikum, »Courtney, wir lieben dich!« zu rufen, was dieses zu seiner Freude auch lautstark tat. Kurt antwortete mit einem glücklichen Lächeln und einem kurzen »Danke«. Der Auftritt in Reading 1992 gehört zu den besten und legendärsten von Nirvana überhaupt. Und er markierte einen wichtigen Schritt in die Zukunft. Zwar waren noch lange nicht alle Unstimmigkeiten beseitigt, aber jetzt war allen klar: Es würde weitergehen.

# About a Girl: Frauen, die

**– Virginia Grohl –**

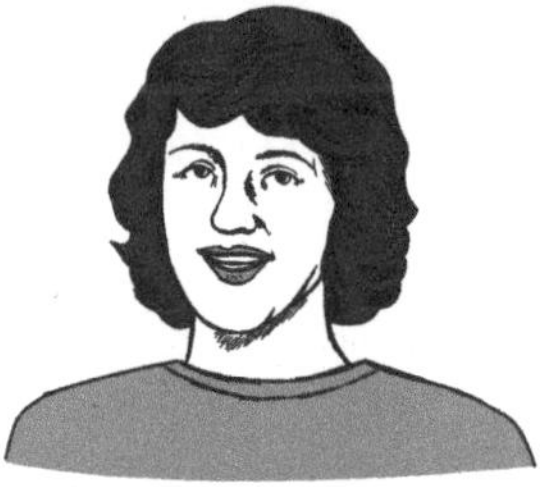

Daves Mutter; hat ihren Sohn bis zu ihrem Tod 2022 bedingungslos unterstützt, selbst als er beschloss, die Highschool abzubrechen und Punkmusiker zu werden.

**– Tracy Marander –**

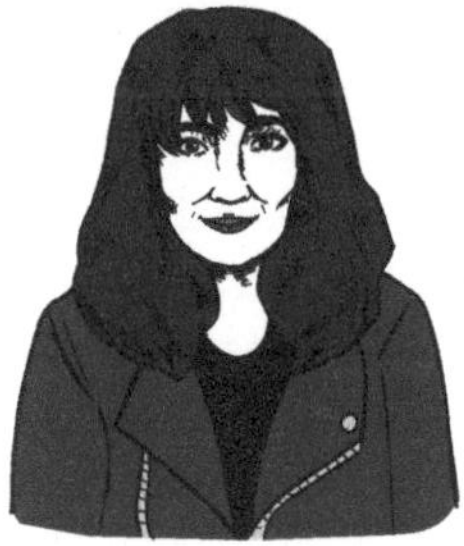

Kurts erste Freundin; supportete Kurt jahrelang, während er meist arbeitslos zu Hause saß und Songs schrieb.

**– Shelli Dilley –**

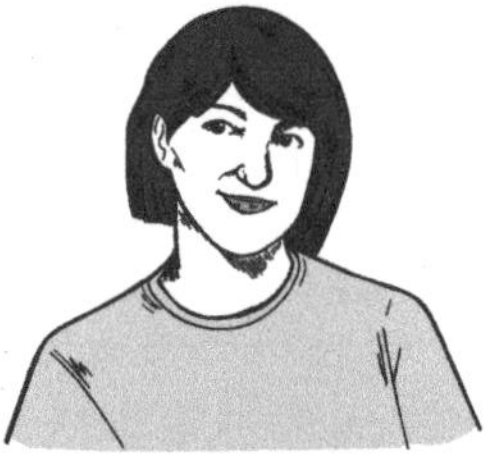

Krists langjährige Partnerin; war schon zu Nirvana-Anfangszeiten für Krist da, fuhr die Band durch die Gegend, machte PR und sorgte dafür, dass Kurt in seinen obdachlosen Zeiten Essen bekam.

**– Kim Gordon –**

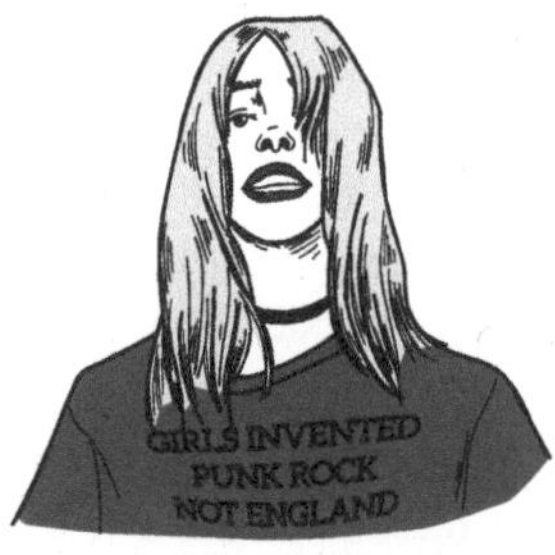


Sängerin von Sonic Youth; die Band war ein Vorbild für Nirvana, gerade Kurt und Kim verband eine tiefe Freundschaft.

# Nirvana geprägt haben

**– Kathleen Hanna –**

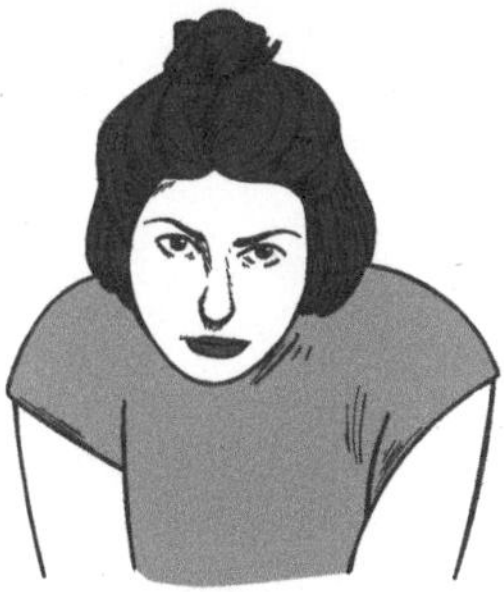

Sängerin von Bikini Kill; sprühte den legendären Satz »Kurt smells like teen spirit« an die Wand.

**– Courtney Love –**

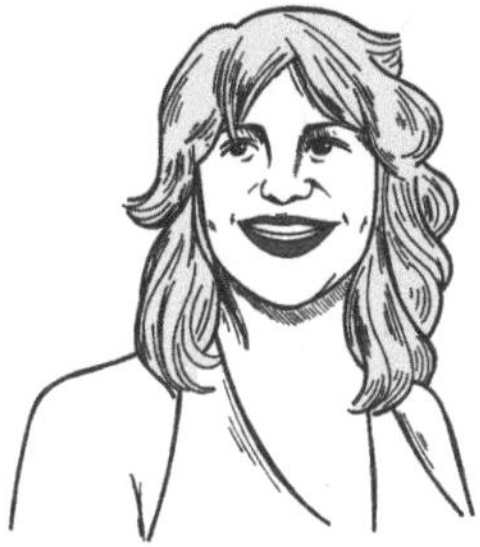

Sängerin von Hole und Kurts Ehefrau; beeinflusste und inspirierte sein Songwriting wie auch Kurt das ihrige.

**– Tobi Vail –**

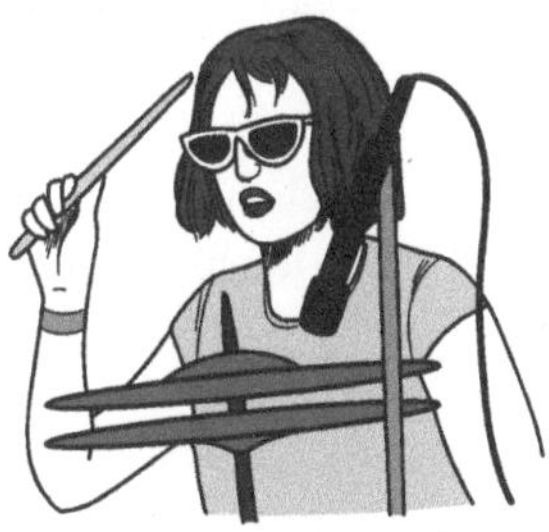

Schlagzeugerin von Bikini Kill und Kurts Freundin; schulte ihn zusammen mit Kathleen in feministischer Theorie.

**Frances Bean Cobain**

Hat Kurt immer zum Lachen gebracht.

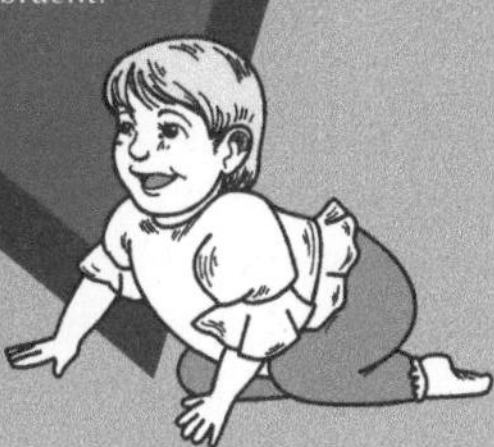

## »My favorite inside source« – Kurt und die Medien

Kurts Persönlichkeit sowie sein Verhältnis zur Welt können vor allem mit einem Adjektiv umschrieben werden: ambivalent. Oder vielleicht noch deutlicher: widersprüchlich. Und in keiner Hinsicht zeigt sich das so sehr wie in seiner Beziehung zu den Medien. Er war genervt, wenn seine Musikvideos oft auf MTV liefen, aber mindestens genauso genervt, wenn Nirvana nicht genug zu sehen waren. »Du, ich gucke gerade MTV, und sie haben schon dreimal ein Video von Pearl Jam gespielt und nur einmal was von uns. Mögen die uns nicht mehr?«, fragte Kurt etwa seinen Manager Danny Goldberg, wie dieser in *Erinnerungen an Kurt Cobain* schreibt. Kurt habe mit »großem Interesse verfolgt«, was die Presse über ihn berichtete, sagt Goldberg. Und weiter:

> Er beklagte sich über Musikjournalisten, die seine Psyche zu analysieren versuchten, und er fand es grässlich, wenn seine Kunst lediglich als gebrochene Spiegelung seiner persönlichen Lebenssituation interpretiert wurde. Dennoch gab er viele hundert Interviews, um das Image, das er für die Band vorsah, so deutlich wie möglich zu transportieren.

Für Kurts Ambivalenz gibt es wohl mehrere Gründe. Schon als Teenager wollte er ein berühmter Rockstar werden. Eine Anekdote aus den ersten Nirvana-Tagen zeigt das. Er war früh darauf fixiert, im Radio zu laufen und wahrgenommen zu werden. Als er 1988 erfuhr, dass der Radiosender KCMU die Single »Love Buzz« ins Programm aufgenommen hatte, warteten er und seine damalige Freundin Tracy Marander im Auto darauf, das Lied zu hören. Schließlich hielten sie an einer Telefonzelle, und Kurt rief im Sender an, um sich den Song zu wünschen. Sie parkten, weil sie sonst außerhalb des Sendebereichs gefahren wären, und nach 20 Minuten endlich lief »Love Buzz«. Kurt war glücklich: »Als ich einmal auf den Geschmack gekommen war, begann es mir zu gefallen, und ich wollte auch meine künftigen Aufnahmen im Radio hören«, sagte er zu Michael Azerrad.

Kurt überließ nichts dem Zufall (wie auch seine Tagebücher beweisen), alles, vom Großteil der Lyrics über das Coverdesign bis zu den T-Shirts, die er in der Öffentlichkeit trug, war wohldurchdacht, einiges sogar Jahre im Voraus erträumt, erprobt, niedergeschrieben. Kurt hatte eine klare Vorstellung davon, wie seine Karriere verlaufen sollte. Die künstlerische Kontrolle über das Nirvana-Songwriting, über Musikvideos, Coverart und Merchandise oblag allein ihm. »Kurt war ständig damit beschäftigt, am Image der Band zu feilen oder es immer wieder einmal in einem anderen Licht erscheinen zu lassen«, beschreibt Goldberg. Auf der Webseite *LiveNirvana.com* finden sich allein 43 Interviews im Monat November 1991 von meist beträchtlicher Länge mit verschiedenen europäischen Journalisten. Natürlich gehörte zu diesen Träumen auch, eines Tages auf dem Cover des *Rolling Stone* abgebildet zu werden – damals eine der größten Auszeichnungen, die Musiker:innen zu-

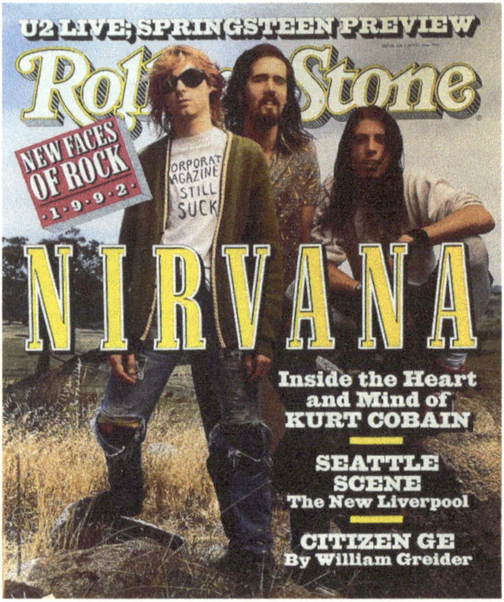


Die Aprilausgabe des US-amerikanischen *Rolling Stone* von 1992

teilwurde. Als im Frühjahr 1992 aber die Anfrage kam, zierte sich Kurt und tat so, als wollte er dies gar nicht, wie sich Michael Azerrad, Autor besagter Titelstory, erinnert. Kurts »Kompromiss«: ein selbstgemaltes T-Shirt tragen, auf dem »Corporate Magazines Still Suck« zu lesen war. (Hätte er das Fotoshooting wirklich sabotieren wollen, hätte er ganz andere Sprüche auf das T-Shirt schreiben können.)

Es wird auch Kurts wankelmütigem Charakter geschuldet sein, dass er den Medien gegenüber teils negativ eingestellt war, seine Reaktion und seine Antworten auf bestimmte Fragen konnten an einem Tag ganz anders ausfallen als am nächsten. Vor allem aber war ihm selbst dann, als er die anderen Bands längst weit überflügelt hatte, Anerkennung und Respekt aus der Undergroundszene überaus wichtig, gepaart mit der Angst, von seinen früheren Held:innen abgelehnt zu werden. Für Kurt war es doppelt schwer: Er und Nirvana gehörten dank des sagenhaften Erfolgs nun dem Mainstream an und waren nicht länger Teil des Undergrounds. Das große Interesse konzentrierte sich überdies auf Kurt, während Krist und Dave eher im Hintergrund blieben. Quasi von einem Tag auf den anderen war es Kurt nicht mehr möglich, unerkannt in der Öffentlichkeit aufzutreten. Das ist für jeden Menschen eine Herausforderung; für jemanden, der mit Mental-Health-Problemen und Drogenabhängigkeit zu kämpfen hat, ist sie unvergleichlich größer.

Dass es einen großen Knacks im Verhältnis zwischen Kurt und den Medien gab, lag zunächst einmal an der bereits erwähnten Fehlentscheidung, dass Courtney – wohl aus Selbstüberschätzung – *Vanity Fair* zusagte, ein ausführliches Porträt über sie (und Kurt) schreiben zu dürfen. Was Courtney dabei nicht beachtet hatte, war, dass sie bisher erst eine (kommerziell unerfolgreiche) Platte mit Hole herausgebracht hatte und hauptsächlich dafür bekannt war, Kurts Ehefrau zu sein. Gerüchte über den Heroinkonsum der beiden geisterten zu diesem Zeitpunkt schon länger durch die Presse. Außerdem war die Journalistin Lynn Hirschberg, die Kurt und Courtney für die Story besuchte, berüchtigt für ihre reißerischen Geschichten über Prominente (und hatte generell nichts mit Rockmusik am Hut).

Neben den bereits im vorherigen Kapitel zitierten Passagen gibt es weitere, noch schlimmere, vor allem über Courtney. »Es gab zahlreiche Berichte über die Drogenprobleme des Paares, und viele glauben, dass sie Cobain mit Heroin bekannt machte«, schreibt Hirschberg zum Beispiel. Dass das faktisch falsch war, war zu jenem Zeitpunkt schon bekannt; Kurt hatte öfter (unter anderem in der *Rolling Stone*-Titelgeschichte) darüber gesprochen, dass er bereits Jahre zuvor erstmals Heroin probiert hatte. Überhaupt stellt das Porträt Courtney als eine herrische, unerbittliche Person dar, die bekommt, was sie will, während Kurt der leise, passive, willenlose Part in der Beziehung ist. Natürlich war Courtney bedeutend extrovertierter als Kurt, und dass er sich mit vielen Menschen, darunter Dave und Krist, verkrachte, hatte zu einem gewissen Teil mit ihr zu tun. Aber Danny Goldberg erinnert daran, dass Kurt auch von Courtneys großer Klappe und ihrem forschen Auftreten profitierte: Wenn er, typisch Kurt, sich wieder einmal einer Konfrontation entziehen wollte, schickte er einfach Courtney vor, damit sie die Sachen für ihn regelte. »Die Vorstellung, dass sie ihn dazu bringen könnte, etwas zu tun, was er nicht tun will, ist einfach so absurd«, so Goldberg. »Man kann diesen Kerl nicht dazu bringen, ein Glas Wasser zu trinken oder durch einen Raum zu gehen oder eine Kassette umzudrehen oder irgendetwas zu tun, was er nicht tun will. Er ist einer der eigensinnigsten Menschen, die ich je in meinem Leben getroffen habe.«

Die Darstellung Courtneys durch Lynn Hirschberg ist beleidigend, herablassend und rufschädigend. An einer Stelle heißt es:

> Courtney hat all das schon einmal gehört, und auf eine perverse Art und Weise profitiert sie davon. »Ich habe das Gerücht vernommen, dass Madonna und ich zusammen Heroin gespritzt haben«, sagt sie und zündet sich genüsslich eine Zigarette an. »Ich habe gehört, dass ich Livesex auf der Bühne hatte und dass ich HIV-positiv bin.«

Es ist Courtneys Naivität geschuldet, dass ihr nicht bewusst war, wie diese sarkastischen Aussagen ankommen würden – vor allem bei einer Journalistin, die ihr alles andere als gewogen war. »Courtney dachte, sie hätte sie ganz für sich eingenommen, und Lynn würde ihr aus der Hand fressen. Sie war überzeugt, der Artikel würde großartig«, zitiert Danny Goldberg seine damalige Frau Rosemary Carroll, Anwältin von Kurt und Courtney.

Ein bestimmter O-Ton von Courtney in »Strange Love« ist schiere Fahrlässigkeit:

> Wir nahmen eine Menge Drogen. Wir besorgten uns Pillen und gingen dann nach Alphabet City [ein Viertel in Downtown Manhattan, damals bekannt für die hohe Kriminalität], und Kurt trug einen Hut, ich trug einen Hut, und wir klauten etwas Dope. Dann wurden wir high und gingen zu *S.N.L.* [*Saturday Night Live*]. Danach habe ich noch ein paar Monate lang Heroin genommen.

Die Message ist eindeutig: Laut Hirschberg wusste Courtney von ihrer Schwangerschaft und nahm trotzdem weiterhin Drogen. Es gibt genügend Aussagen (unter anderem von Ärzt:innen), die beweisen, dass Courtney unmittelbar nachdem sie von der Schwangerschaft erfuhr, einen Entzug machte, und Frances Bean kam gesund zur Welt. Dennoch hatte die Schmähung weitreichende Folgen. Kurt und Courtney wurde, wie bereits erwähnt, temporär das Sorgerecht entzogen und erst Monate später wieder vollständig zugesprochen.

Neben Courtneys unbedachten Aussagen waren die »Insiderquellen«, die Lynn Hirschberg außerdem aufführte, ein weiterer Tiefschlag für das Paar: »20 verschiedene Quellen aus der Plattenindustrie behaupten, dass die Cobains stark heroinabhängig waren.« Wer die »Insiderquellen« waren, konnten sie trotz starken Verdachts nie bestätigen. Der Song »Rape Me«, der im Jahr darauf auf *In Utero* erschien, thematisiert dies. Der Song zeigt einerseits Kurts eigenwilligen Sinn für Humor – das Gitarrenriff erinnert stark an »Smells Like Teen Spirit«, nur um dann mit der schockierenden Zeile »Rape Me« einzusteigen. Andererseits verarbeitet er darin zwei Dinge, die ihm am Herzen lagen: Erneut geht es um sexualisierte Gewalt gegen Frauen. Und dann ist da die Bridge, sehr viel später eingefügt (erste Versionen des Songs hatte die Band bereits 1991 gespielt), die auf den *Vanity Fair*-Artikel und die anonymen Quellen aus Insiderkreisen anspielt: »My favorite inside source / I'll kiss your open sores / Appreciate your concern / You're gonna stink and burn.«

Kurts Verhältnis zu den Medien blieb bis zu seinem Tod zwiegespalten. Abgewendet hat er sich von ihnen aber nie, am wenigsten von MTV, so gerne er den Sender auch kritisierte. Dass Nirvana im Herbst 1993 das berühmte Unplugged-Konzert spielten und im Dezember desselben Jahres bei *MTV Live and Loud* waren (neben dem Unplugged- übrigens das einzige Konzert von Nirvana, das wirklich professionell aufgenommen wurde), beweist, wie wichtig es Kurt durchgehend war, sich gut mit MTV zu stellen und medial präsent zu sein. So weit sein Misstrauen auch ging – so sehr wusste er, dass der Erfolg Nirvanas von der Gunst der Medien abhängig war.

## Ein Konzert für die Ewigkeit – *In Utero*-Zeit (1992 bis 1994)

Etwas mehr als eine Woche nach dem erfolgreichen Konzert in Reading folgte der nächste wichtige Auftritt: bei den MTV Video Music Awards, und nicht ohne erneute kleine Rebellion. Ursprünglich hatte Kurt »Rape Me« spielen wollen, aber MTV schob dem Vorhaben wegen des Titels einen Riegel vor. Live stimmten Nirvana dennoch die ersten Takte von »Rape Me« an, und gerade als man hinter den Kulissen entsetzt Werbung einblenden lassen wollte, gingen sie über zu »Lithium«. Am Ende des Songs warf Krist seinen Bass in die Luft, konnte ihn aber nicht auffangen. Er knallte ihm direkt auf den Kopf, und Krist ging zu Boden. Nirvana wurden mit zwei Awards ausgezeichnet, in den Kategorien »Best Alternative Music Video« und »Best New Artist«. Den ersten nahm ein Michael-Jackson-Imitator entgegen, ein kleiner Witz, weil *Nevermind* Jacksons *Dangerous* entthront hatte. Beim zweiten Preis kam die Band selbst auf die Bühne. »Es ist wirklich schwer, alles zu glauben, was man liest«, sagte Kurt – sichtbar clean – in seiner Dankesrede mit einem breiten Grinsen, das aller Welt zeigte: Das Schlimmste hatte die Band überwunden. Völlig unangebracht rief Krist daraufhin noch »Denkt an Joseph Goebbels!« ins Mikro – eine Anspielung auf Goebbels' Funktion als Propagandaminister.

Es spielten sich aber noch andere Szenen ab. Bereits seit Beginn ihrer Karriere gab es Stress zwischen den Bandmitgliedern von Nirvana und von Guns N' Roses. Der Ausgangspunkt ist eindeutig auf Kurt, Krist und Dave zurückzuführen – Axl Rose hatte sich früher sogar mit einer Nirvana-Kappe ablichten lassen, die auch im Video von »Don't Cry« (1991) zu sehen ist; Nirvana lag außerdem das Angebot vor, 1992 gemeinsam mit Guns N' Roses und Metallica auf Stadiontour zu gehen, was sie allerdings ohne zu zögern ablehnten. Axl Rose war Kurts Antithese: rassistisch, sexistisch und homofeindlich. Nach einigen Querschlägern von Kurt kam es zur ersten Eskalation, als Axl Kurt bei einem Konzert in Florida als »Scheißjunkie mit einer Junkiefrau« bezeichnete. Bei den MTV Video Music Awards dann trafen beide Bands aufeinander. Backstage lief Axl Rose mit seiner damaligen Freundin Stephanie Seymour (aus den »Don't Cry«- und »November Rain«-Videos) an Kurt, Courtney und der neugeborenen Frances vorbei. »Hey, Axl, willst du Pate unserer Tochter sein?«, rief Courtney. »Sag deiner Bitch, sie soll die Fresse halten«, fuhr Axl Kurt an. Dieser drehte sich gelassen zu Courtney und sagte sarkastisch: »Fresse, Bitch.« Alle brachen in lautes Lachen aus, und Rose und Seymour zogen beleidigt von dannen. Später kam es auch noch zu einem Streit zwischen Krist und dem Bassisten Duff McKagan, der Krist Prügel androhte. Kurt spuckte außerdem auf ein Piano, von dem er glaubte, es sei Axl Roses, und war dann entsetzt, als er sah, dass sich Elton John bei seinem Duett mit Rose an ebendieses Piano setzte. Außerdem versuchten Teile von Guns N' Roses, den Trailer von Nirvana umzukippen. Kurz nach Kurts Tod legten Krist, Dave und Guns N' Roses ihre Streitigkeiten aber bei und gehen seitdem freundlich miteinander um.

Zum Schluss dieser ereignisreichen MTV Video Music Awards 1992 begrub Kurt eine weitere Fehde, die er aber nie ernsthaft verfolgt hatte. Im Laufe der vergangenen zwölf Monate hatte er zwar nicht nur Nettes über Pearl Jam gesagt, eine echte Konkurrenz zwischen beiden Bands hatte aber nie bestanden, sondern war medial forciert worden. Zu den Klängen von Eric Claptons »Tears in Heaven« tanzten er und der Pearl-Jam-Sänger Eddie Vedder im Slowdance miteinander und umarmten sich dann.

Die Band hatte sich gefangen, und Kurt war nach einem Entzug zumindest temporär clean und wieder kreativ. Mehrere Songs, die später auf *In Utero* landeten, waren schon älter, aber Ende 1992 setzte er sich endlich daran, neue Lieder für das kommende Album zu schreiben. Außerdem veröffentlichte die Band im Dezember *Incesticide*, eine Kompilation aus Outtakes, B-Seiten und anderem bisher unveröffentlichten Material, das bis zum Jahr 1988 zurückreicht – deswegen sind auch stolze vier Schlagzeuger des Nirvana-Drummer-Roulettes darauf zu hören. Ursprünglich war das eine Idee von Jonathan Poneman von Sub Pop, der aus frühem Material ein Kompilationsalbum veröffentlichen wollte, für das die Band den ironischen Namen *Cash Cow* vorgesehen hatte. Schließlich kam es zu einem Deal mit dem Label Geffen, das Songs aus der Sub-Pop-Zeit von Nirvana lizenzierte, so dass Kurt eine Platte ganz nach seinen Vorstellungen zusammenstellen konnte. Viele der Lieder hatten schon als Bootlegs, also nichtautorisierte Aufnahmen und Mitschnitte von Konzerten, kursiert (die bekannteste Bootleg-Reihe heißt übrigens *Outcesticide*, die ab 1994 nach Kurts Tod veröffentlicht wurde). Auf *Incesticide* fin-

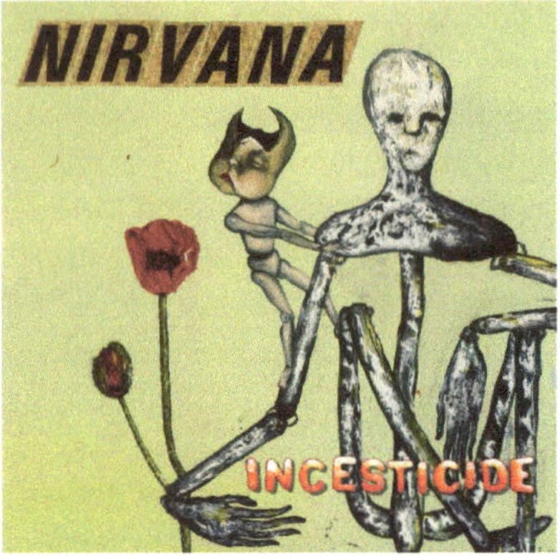


*Incesticide*, 1992

det sich eine recht wilde Mischung an Songs, darunter das nervige »Hairspray Queen«, zwei Cover von The Vaselines, eine schnellere Version von »Polly«, »Downer«, das schon auf späteren *Bleach*-Pressungen war, und das düstere »Big Long Now«, ein Fanliebling.

Gerade mit den härteren und punkigeren Songs aus der Frühphase der Band wollte Kurt beweisen, dass Nirvana trotz des kommerziellen Erfolgs ihre Wurzeln nicht vergessen hatten; es war für ihn auch eine Möglichkeit, um die »Fans«, die nur auf die Mainstreamsongs standen, zu verprellen. Und natürlich die ganze Vielfalt von Nirvanas künstlerischem Schaffen zu präsentieren. Trotzdem gab es auch mehrere Lieder, die stilistisch an *Nevermind* anknüpften, darunter »Sliver« und »Aneurysm«, beide schon im Jahr 1990 aufgenommen. »Sliver« wurde damals als Single von Sub Pop herausgegeben und jetzt erneut von Geffen als Single vorgelegt, samt Musikvideo, gefilmt in Kurts Garage, in dem er in einem Freddy-Krueger-

Pulli tanzt und auch Frances einen kurzen Auftritt hat. Inhaltlich geht es um einen Jungen, der bei seinen Großeltern ist und nach Hause zu seiner Mutter will – im Vergleich zu Kurts sonstigen Songs ein erstaunlich wenig kryptischer Text.

Auch »Aneurysm« war zuvor schon in einer anderen Version veröffentlicht worden, als B-Seite von »Smells Like Teen Spirit«. Band und Fans liebten diesen Song, er gehörte zum festen Repertoire bei Nirvana-Konzerten auf ihren Touren 1991 und 1992. Bei einer Umfrage des US-amerikanischen *Rolling Stone* 2013 wurde »Aneurysm« auf Platz sieben der beliebtesten Nirvana-Lieder überhaupt gewählt (»Lithium« ist übrigens auf Platz eins). Anlässlich der Veröffentlichung des Livealbums *From the Muddy Banks of the Wishkah* (1996) wurde der Song als Single ausgekoppelt. *Incesticide* unterdessen verkaufte sich für ein Album, das nur aus altem Material bestand und das keinerlei Marketing bekam, erstaunlich gut: In Deutschland erreichte es Platz 40 der Charts, in den USA Platz 39, insgesamt wurden über zwei Millionen Alben verkauft.

Das Jahr 1993 begann eher ruhig für die Band. Im Februar nahm sie die Tracks von *In Utero* auf, im April spielte sie eine Benefizshow in San Francisco für bosnische Vergewaltigungsopfer (was besonders Krist am Herzen lag), bei dem sie acht der zwölf Songs des neuen Albums live präsentierten. Kurz davor, am 25. März, hatten Kurt und Courtney das uneingeschränkte Sorgerecht für Frances Bean erhalten, außerdem zogen sie von Los Angeles zurück nach Seattle, wo sie sich heimischer fühlten.

Rund um die Veröffentlichung von *In Utero* traf Kurt eine Entscheidung, die wohl viele, mindestens aber Manager Danny Goldberg überraschte. Während die Tatsache, dass *Never-*

*mind* ein nacktes Baby zeigte, nicht einmal in den USA für große Wellen sorgte, verhielt sich das mit der Gestaltung von *In Utero* ein wenig anders. Kurt, der auch während seines Erfolgs als Musiker nie mit seiner Bildenden Kunst aufgehört hatte, interessierte sich für Anatomie, Krankheiten, Tod, medizinische Absonderlichkeiten und seit der Geburt von Frances auch vermehrt für Geburt, Abtreibung, kurz: für alles Physische, gerade das, was für andere Menschen abstoßend ist. Diese Themen finden sich in seinen Gemälden, Collagen und Skulpturen wieder. So auch auf dem Coverbild von *In Utero*, das in Zusammenarbeit mit Robert Fisher entstand und eine Art durchscheinende (so dass man die Organe erkennt) Frauenfigur mit Flügeln zeigt. Auf der Rückseite ist eine Collage von Kurt abgebildet, auf der mehrere Föten zu sehen sind. Und obendrein lautet der Titel eines Songs auch noch »Rape Me«.

Für Walmart war das zu viel. Ein Album mit solch einem Cover könne man nicht verkaufen, meldete der Einzelhandelskonzern an Geffen zurück. Danny Goldberg beschreibt, dass er bereit gewesen wäre, gegen diese Entscheidung zu kämpfen. Doch überraschenderweise zeigte Kurt sich sofort einsichtig, war einverstanden, Cover und Rückseite für die Walmart-Ausgabe zu ändern und »Rape Me« in »Waif Me« umzubenennen. Der Grund für sein Entgegenkommen:

> Er erklärte mir, in seiner Jugend in Aberdeen habe er Schallplatten nur bei Walmart und nirgendwo sonst kaufen können, und er wolle, dass Kids wie er damals die Möglichkeit haben sollten, sich das neue Nirvana-Album ohne große Probleme zu besorgen.

Kurt wusste genau, wann Auflehnung unangebracht war.

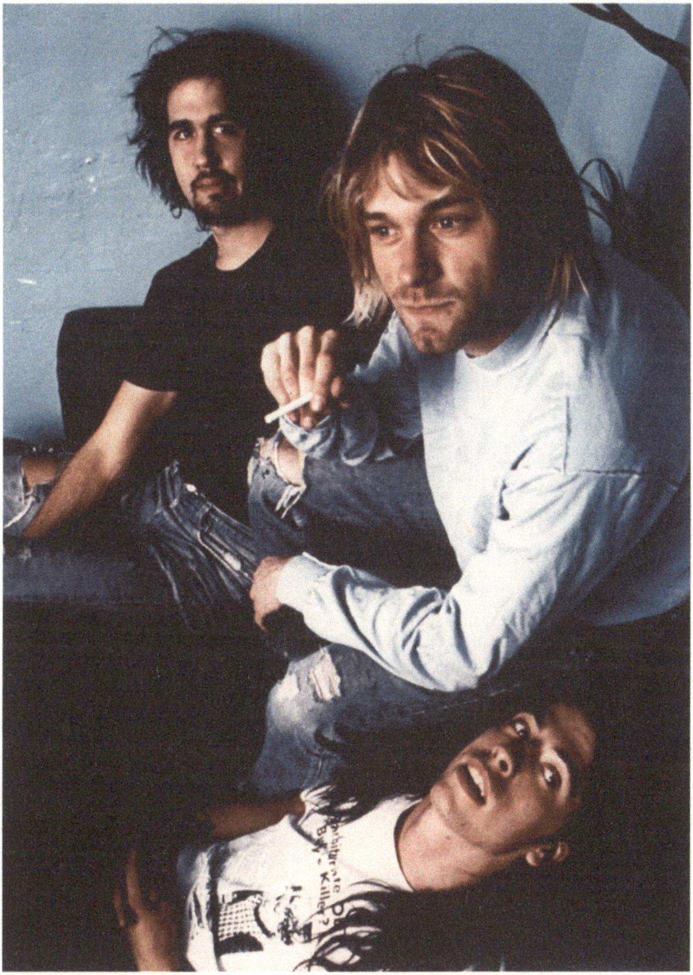

Auf Kuschelkurs: Krist, Kurt und Dave 1993

Doch noch etwas ereignete sich in dieser Zeit: Kaum jemand sah es oder wollte es wahrhaben, aber Kurt war wieder auf Drogen. Er hatte bereits im Frühjahr mit dem Konsum begonnen; am 2. Mai musste Courtney in Seattle den Notarzt rufen, weil Kurt eine Überdosis genommen hatte. Er wusste seine Sucht aber gut zu verbergen. Viele in Kurts Umgebung bekamen nicht mit, dass er wieder heroinabhängig war. Im Juni 1993 riefen Nachbar:innen wegen eines lautstarken Streits zwischen Kurt und Courtney die Polizei. Diese beschlagnahmte mehrere Waffen und Munition (Kurt, einst erklärter Waffengegner, besaß sie aus »Selbstschutz«), außerdem verbrachte Kurt drei Stunden im Gefängnis und wurde nur gegen eine Kaution von 950 Dollar wieder gehen gelassen. Am 23. Juli setzte er sich erneut eine Überdosis, und doch gelang es ihm, am selben Tag ein Konzert mit Nirvana im Roseland Ballroom in New York City zu spielen.

Außerdem wandte sich Kurt vermehrt Soloprojekten zu. Er veröffentlichte mit Williams S. Burroughs ein Spoken-Poetry-Lied namens »The Priest They Called Him«, eine Zusammenarbeit, auf die er sehr stolz war. Es handelt sich dabei um einen knapp zehnminütigen Track, in dem Burroughs einen Text rezitiert, den Kurt mit verzerrtem Gitarrenlärm unterlegt. Aufgenommen hatten sie dieses Projekt nicht gemeinsam, sondern indem sie sich im Vorjahr die Tapes hin- und hergeschickt hatten. Erst im Oktober 1993 lernten sich die beiden persönlich kennen.

Gemeinsam mit Courtney trat Kurt übrigens nur ein einziges Mal auf, am 8. September beim Benefizkonzert Rock Against Rape in Los Angeles. Erst spielte Courtney ihre Songs »Doll Parts« und »Miss World«, bis sie Kurt mit den Worten »mein Ehemann Yoko« auf die Bühne holte – ein sarkastischer

### Melvins: *Houdini*

Bei einem Album wird Kurt auch als Produzent gelistet: *Houdini* von den Melvins, das am 21. September 1993 bei Atlantic veröffentlicht wurde. Wie groß sein Anteil bei den Aufnahmen wirklich war, ist aber umstritten. Danny Goldberg zitiert in seinem Buch einen A&R-Manager, der sich erinnert, dass Kurt nur zehn Tage im Studio war, und auch Melvins-Sänger Buzz Osborne sagte 2008 dem Magazin *Kerrang!*, dass sie lediglich ein paar Sessions gemeinsam gemacht hätten, bis Kurt so »außer Kontrolle geriet, dass wir ihn im Grunde genommen gefeuert haben und getrennte Wege gegangen sind« – sein Heroinkonsum stand einer produktiven Arbeit im Wege. Wenigstens kommerziell half der Name Kurt Cobain: Mit rund 110 000 verkauften Exemplaren ist *Houdini* das meistverkaufte Alben in der mehr als 40-jährigen Bandgeschichte der Melvins.

Kommentar darüber, dass sie in der öffentlichen Wahrnehmung als Pendant zu Yoko Ono galt. »Dies ist das erste und letzte Mal, dass so etwas passiert«, sagte Courtney über den gemeinsamen Auftritt, ein Statement, das sich im Nachhinein als wahr erwies. Gemeinsam performten sie »Pennyroyal Tea« und »Where Did You Sleep Last Night«, ein Duett, das mehr wie ein gegenseitiges Anschreien klingt und weniger an das spätere Unplugged-Konzert erinnert.

Für Nirvana lief es derweil rund. Das Video zu »Heart-Shaped Box«, bei dem Anton Corbijn Regie führte, war das beste und kreativste der Band. Es zeigt ein Mädchen in Ku-Klux-Klan-Kluft, dessen weißes Outfit schwarz gefärbt wird, Kurt in einem Mohnfeld liegend sowie die Band im Krankenhaus. Das Video war erneut aus Kurts Ideen entstanden. *In Utero* wurde von der Kritik wohlwollend aufgenommen und stieg direkt auf Platz eins der Billboard-Charts, womit bewiesen war, dass es sich bei Nirvana nicht um ein One-Hit-Wonder handelte.

**In Utero (1993)**

Nach dem Erfolg von *Nevermind* zurück zu punkrockigeren Wurzeln zu gehen, dennoch keinen kommerziellen Flop hinzulegen und sich zugleich musikalisch und lyrisch weiterzuentwickeln, war ein enormer Balanceakt, der Nirvana bravourös gelang. Nimmt man die Songs genauer unter die Lupe, ist aber auffällig, dass viele davon bereits mehrere Jahre zurückdatieren; frühe Versionen von »Dumb«, »Rape Me« und »Pennyroyal Tea« etwa verfasste Kurt bereits im Jahr 1990. Dass es wenig wirklich neues Material auf *In Utero* gab, hatte mehrere Gründe: Kurt war Vater geworden, was viel Zeit

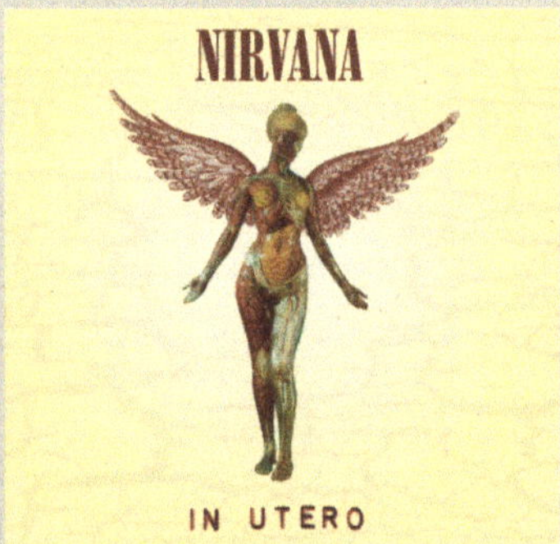

in Anspruch nahm. Dazu kam der große öffentliche Druck durch die Aufmerksamkeit, die vielen Konzerte und das *Vanity Fair*-Porträt samt seiner Folgen. Kurts kreative Energie wurde zudem durch seinen immer größer werdenden Drogenkonsum beeinträchtigt. Und nicht zuletzt waren mehrere Notizbücher und Tapes, die er bei sich zu Hause in einer Badewanne gelagert hatte, einer Überschwemmung zum Opfer gefallen – wer weiß, was für Songs und Ideen sich darauf befunden hatten.

Produziert wurde das Album von Steve Albini, der sich vor allem auf Undergroundmusik spezialisiert hatte und bei der Anfrage von Nirvana erst mal skeptisch reagierte, weil er die Band für zu kommerziell hielt. Gemäß seiner Punkrockattitüde akzeptierte er zwar ein Honorar von 100 000 Dollar, verzichtete aber anders, als es sonst üblich ist, darauf, an den Tantiemen des Albums beteiligt zu werden, was ihm um einiges mehr Geld eingebracht hätte. Die Aufnahmen erfolgten in den Pachyderm Studios im Nirgendwo von Minnesota – ein Ort, der die Möglichkeit bot, die Öffentlichkeit von der Band und Kurt vom Heroin fernzuhalten. Am Ende war Kurt, Krist und Dave der Gesang bei einigen der Songs aber zu leise abgemischt, gerade bei der Single »Heart-Shaped Box«. Nach Disputen zwischen der Band, Albini, Geffen und dem Management und einer begleitenden Berichterstattung in der Presse einigte man sich schließlich darauf, Scott Litt, Produzent der letzten vier R.E.M.-Alben, für »Heart-Shaped Box« und »All Apologies« ins Boot zu holen. Dies sind auch die beiden Singleauskopplungen des Albums; die Veröffentlichung von

»Pennyroyal Tea« (mit der neben »Where Did You Sleep Last Night« im Nachhinein makabren B-Seite »I Hate Myself And I Want to Die«, übrigens auch Kurts Arbeitstitel von *In Utero*) war für April 1994 geplant, wurde wegen Kurts Tod aber gecancelt.

*In Utero* ist sowohl lauter als auch leiser als sein Vorgänger. Während Songs wie »Milk It« oder »Scentless Apprentice« weniger glatt sind als die rockigen Nummern auf *Nevermind*, gibt es mit »Pennyroyal Tea«, »All Apologies« und »Dumb« auch mehr zurückgenommene Nummern. »Heart-Shaped Box« führt dagegen das gewohnte Nirvana-Schema (ruhige Strophen, lauter Refrain) fort. Außerdem zeigt sich Kurts Sinn für Humor in einigen Songtiteln. »Frances Farmer Will Have Her Revenge on Seattle« ist nicht nur ironisch, der lange Name auch eine Reaktion auf die Gepflogenheit von Alternative-Rock-Bands, Songtitel mit nur einem Wort zu verwenden (wie es Nirvana selbst oft getan hatten). Genau wie bei *Nevermind* haben die *In Utero*-Versionen, die außerhalb der USA verkauft wurden, einen Hidden-Track. Nach »All Apologies« und dieses Mal sogar 20 Minuten Stille knallt »Gallons of Rubbing Alcohol Flow Through the Strip« rein, ein improvisierter Jam der Band.

Inhaltlich geht es in den Songs vor allem um physische wie psychische Krankheiten und um Körperfunktionen, Themen, für die sich Kurt schon immer sehr interessiert hatte (und um Literatur: »Scentless Apprentice« ist von Patrick Süskinds *Das Parfum* inspiriert). Das schlägt sich nicht nur im bereits erwähnten Artwork des Covers nieder, sondern auch im Titel des Albums. Auch wenn Kurt wieder einmal behauptete, die Lyrics hätten rein gar nichts mit ihm zu tun, sind Michael Azerrad und Dave anderer Meinung. »Vieles von dem, was er sagt, hat mit der ganzen Scheiße zu tun, die er durchgemacht hat«, erläutert Dave in *Come as You Are.* »Es ist nicht mehr die Teenage-Angst. Es ist ein ganz anderes Spiel: Rockstar-Angst.« [Dave benutzt das schwer übersetzbare englische Wort »angst«, ein typischer Begriff für die Generation X, der auch *anxiety* oder Unsicherheit bedeuten kann.] Offensichtlich wird das gleich in der ersten Zeile des ersten Lieds »Serve the Servants«: »Teenage angst has paid off well / Now I'm bored and old«, heißt es da, und kurz danach geht es an ein anderes Thema, das Kurt beschäftigte – die Beziehung zu seinem Vater: »I tried hard to have a father / But instead I had a dad.«

Für die Tournee wurde mit Pat Smear ein zweiter Gitarrist engagiert. Smear, dessen bürgerlicher Name Georg Albert Ruthenberg lautet, wurde am 5. August 1959 in Los Angeles geboren, was ihn ein gutes Stück älter machte als den Rest der Band und ihn zugleich zu einer Art Mentor für Kurt erhob. Kurt verbrachte viel Zeit mit Pat, während Dave und Krist zusammen abhingen. Dennoch trieb Pat keinen Keil in die Band (die Unstimmigkeiten zwischen Kurt auf der einen und Dave und Krist auf der anderen Seite hatten, wie beschrieben, diverse Gründe, aber nicht ihn), er verstand sich mit allen Mitgliedern sehr gut. Seine ruhige wie gutgelaunte Art auf der Bühne und innerhalb der Gruppe sorgte für mehr Stabilität. Auch soundtechnisch ergänzte Pat Smear Nirvana perfekt, immerhin war er Mitbegründer der Punkrockband The Germs. Und

**Frances Farmer**

Die in Seattle geborene Frances Farmer (1913–1970) war eine Schauspielerin, die auf Grund ihres rebellischen Verhaltens zwangseingewiesen wurde – Farmer hatte wenig Lust auf die naiven Frauenrollen, die ihr angeboten wurden, verhielt sich auch sonst nicht den gesellschaftlichen Vorstellungen entsprechend und war Kommunistin. 1943 wurde sie wegen »Hysterie« in einer Nervenheilanstalt untergebracht, in der man sie misshandelte. Eine Biographie von William Arnold (1978) behauptet, an ihr sei eine Lobotomie durchgeführt worden, das Biopic *Frances* (1982) mit Jessica Lange griff dies ebenfalls auf. Es gibt aber keine Hinweise auf den Wahrheitsgehalt. Kurt kannte das Buch und verehrte Frances Farmer. Sie war nicht nur Inspiration für den *In Utero*-Song, Courtney trug bei der Hochzeit auch ein Kleid von ihr. Übrigens: Frances Bean ist nach Frances McKee, der Sängerin der Vaselines, benannt, die Namensverwandtschaft zu Frances Farmer fiel Kurt und Courtney erst später auf.

noch eine Eigenschaft prädestinierte ihn für den Job: seine Erfahrung mit Junkies. Darby Crash, der Sänger der Germs, hatte sich 1980 im Alter von 22 Jahren mit einer absichtlichen Überdosis Heroin das Leben genommen.

Auf der *In Utero*-Tour wurde die Band auch von Lori Goldston am Cello begleitet. Trotz dieser tatkräftigen Unterstützung schienen Nirvana eher wenig glücklich mit ihrer ersten richtigen Stadiontour zu sein. Große Konzerte (mit Ausnahmen wie dem Reading-Festival), bei denen sie weit weg vom Publikum waren, hatten Kurt, Dave und Krist nie sonderlich gemocht. Alles war jetzt durchprofessionalisiert, auch damit hatte sich die Band sehr weit wegbewegt von ihren Anfangsjahren. »Früher war es ein Abenteuer. Jetzt ist es ein Zirkus«, brachte Krist seinen Frust im Oktober in einem Interview mit dem Magazin *Musician* auf den Punkt. Trotzdem lieferten Nirvana viele exzellente Konzerte ab. Darunter ein Auftritt in Seattle am 13. Dezember, bei dem die Band zusammen mit Cypress Hill und The Breeders auftrat, nach der kurzfristigen Absage von Pearl Jam der Headliner war und statt 45 Minuten ein ausführliches Set spielte. Das Konzert wurde von MTV aufgezeichnet und 20 Jahre später als CD und DVD veröffentlicht.

Und dann wurde Nirvana noch eine ganz besondere Ehre zuteil: Kurt, Dave und Krist wurden gefragt, ob sie ein Konzert im Rahmen der legendären *MTV Unplugged*-Reihe spielen wollten. Es sollte der letzte wirklich große Moment in der Karriere von Nirvana werden. Vor allem durch Kurts Tod nur wenige Monate später und weil das Konzert posthum als CD und LP herausgegeben wurde, hat dieser Auftritt Kultstatus erlangt – nicht wenige Fans geben *MTV Unplugged in New York* als ihr Lieblingsalbum an. Das liegt natürlich auch daran, dass die Band zu absoluter Hochform auflief.

Das Konzert – mit Pat Smear und Lori Goldston – wurde am 18. November 1993 in den Sony Music Studios in New York City aufgezeichnet. Kurt war im Vorfeld sehr nervös, machte bei den Proben so gut wie keine Witze und bat, bei der Aufnahme ihm bekannte Gesichter in die ersten Reihen zu setzen. Nicht wenige Menschen aus seinem Umfeld hatten die Sorge, seine Nervosität könnte seine Performance beeinträchtigen, ebenso wie die Tatsache, dass die Band das Set während der Proben nicht ein einziges Mal komplett durchspielte. Als Bühnenbild hatte Kurt sich eine Beerdigungsszenerie gewünscht, mit Kerzen, Lilien und Kronleuchter. Für Dave stellte das Unplugged-Konzert ebenfalls eine große Herausforderung dar, weil er es gewohnt war, sein Schlagzeug hart zu spielen. »Nirvana lösten das Problem, indem Dave überwiegend Besen statt der üblichen Trommelstöcke benutzte«, beschreibt Manager Danny Goldberg die kreative Idee.

Überhaupt war die Umsetzung des Unplugged-Sets für Nirvana interessant. »Wir hatten andere Unplugged-Konzerte gesehen und mochten viele von ihnen nicht, weil die meisten Bands sie wie Rockshows behandelten – sie spielten ihre Hits wie im Madison Square Garden, nur mit akustischen Gitarren. Wir wollten etwas anderes machen«, erläuterte Dave in einem Interview mit dem *Rolling Stone* 2005 ihr Vorhaben. Etwas anderes machen, das bedeutete: keine großen Hits spielen (sehr zum Missfallen von MTV, Nirvana ließen sich aber auf einen Kompromiss ein und spielten mit »Come as You Are« einen Song von *Nevermind*) und obskure Gastkünstler:innen einladen. Statt Eddie Vedder, Tori Amos oder andere Stars holte die Band Cris und Curt Kirkwood von den Meat Puppets auf die Bühne. Ein typischer Move für Nirvana, die damit nicht nur gegen MTV rebellierten, sondern vor allem die Kirkwoods supporten konnten, wie sie es auf verschiedene Arten mit ihren musikalischen Held:innen schon immer getan hatten. Mit ihnen spielten sie drei Cover von Meat-Puppets-Songs. Von den 14 Stücken des Abends waren ganze sechs Coverversionen, neben den Songs der Meat Puppets Lieder von den Vaselines und von David Bowie und natürlich »Where Did You Sleep Last Night«. Was Nirvana zudem anders machten als andere Bands bei ihren Unplugged-Konzerten, war, das Set am Stück durchzuspielen. Kein einziger Song wurde extra fürs Fernsehen noch mal aufgenommen.

Trotz der anfänglichen Anspannung und Kurts offensichtlicher Nervosität stieg er in das Unplugged-Konzert mit einem Witz ein. »Das ist von unserer ersten Platte. Die meisten Leute besitzen sie nicht«, sagte er trocken, bevor sie mit »About a Girl« loslegten. Langsam entspannte sich die Band, Kurt machte mehrere Scherze und sprach sich live mit Dave und Krist ab. »Pennyroyal Tea« etwa hatten sie in der Probe nicht einmal komplett gespielt, unter anderem hatte es einen missglückten Versuch gegeben, Pat Smear die zweite Stimme singen zu lassen. »Soll ich das alleine machen?«, fragte Kurt, und Dave antwortete: »Mach es alleine«, woraufhin Kurt solo mit seiner Gitarre spielte – eine phantastische Version des Lieds.

Der Höhepunkt dieses großartigen Konzerts ist ohne Frage Nirvanas Interpretation von »Where Did You Sleep Last Night«, ein traditionelles Folklied, das vor allem durch die Version des Bluesmusikers Leadbelly (1889–1949) Bekanntheit erlangte. Es ist nahezu unmöglich, die Emotionalität, die Intimität und Kurts Stimme zu beschreiben. Auch er wusste um die Besonderheit dieses Moments. Als MTV nach einer Zugabe fragte, lehnte er ab. Unmöglich, diese Performance zu überbieten.

Im Januar 1994 begab sich die Band (ohne Pat) ein letztes Mal ins Studio. Oder um es genauer zu sagen: An zwei von drei Tagen tauchte Kurt gar nicht erst auf, und Dave und Krist jammten Songs, die Dave Jahre später mit den Foo Fighters aufnehmen würde. Am dritten Tag entstand das allerletzte Nirvana-Lied »You Know You're Right«, das 2002 schließlich veröffentlicht wurde. Im Februar ging die Band, nachdem sie von Oktober bis Januar Dutzende Shows in den USA gespielt hatte, wieder auf Europatournee, die mit einem Auftritt in Paris anfing und sie außer nach Frankreich auch nach Portugal,

Spanien, in die Schweiz, nach Italien, Slowenien und zuletzt Deutschland führte. Die wahnsinnig detaillierte Website *Live-Nirvana.com* (die es seit 2000 gibt) listet nicht nur sämtliche Konzerte der Band samt Setlist auf, sondern enthält auch Angaben über besondere Vorkommnisse und Informationen darüber, ob und wenn ja welche Aufnahmen existieren, und sie gibt Auskunft über die Shows, die gecancelt wurden. Für 1994 sind das Dutzende Konzerte in zahlreichen Ländern, eng getaktet und bis September durchgeplant. Das letzte Konzert in dieser Liste war für den 5. September in Carson, Kalifornien, anberaumt.

Dieses Programm war überraschend straff – überraschend deswegen, weil es Kurt physisch und psychisch nicht gutging und das kein Geheimnis darstellte. Zwischen den Konzerten entwischte er oft, um an den Bahnhöfen der jeweiligen Stadt Drogen zu kaufen, er sprach wenig mit Dave und Krist und hatte auch mit Courtney Stress. Dass er überhaupt so viele Auftritte durchhielt, wird in erster Linie finanzielle Gründe gehabt haben (er wusste, wie teuer es gewesen wäre, die Tour zu canceln). Und es lag ihm viel daran, in Ljubljana zu spielen, damit Krists Verwandtschaft aus dem ehemaligen Jugoslawien die Chance hatte, die Band live zu sehen. Dieses Konzert in der Hala Tivoli am 27. Februar, sieben Tage nach Kurts 27. Geburtstag, war das vorletzte von Nirvana.

Der letzte Gig, den die Band jemals spielte, war am 1. März 1994 im Terminal 1 im kaum zwei Jahre zuvor geschlossenen Flughafen München-Riem, mit den Melvins als Vorband. Es war wohl kein sonderlich gutes Konzert, berichten Besucher:innen. Kurt wirkte lustlos, die Band wenig harmonisch, außerdem hatte Kurt wegen einer Bronchitis stimmliche Probleme, und dann unterbrach auch noch ein kurzzeitiger Stromausfall den Auftritt. Trotzdem spielten sie ihr Set durch. Der letzte Song war »Heart-Shaped Box«.

Am nächsten Tag hätten Nirvana erneut im Terminal 1 spielen sollen, der Auftritt wurde jedoch wegen Kurts Bronchitis verschoben, ebenso wie das für den 3. März in Offenbach geplante Konzert. Kurt flog nach Rom, wo er sich am 3. März mit Courtney traf. Am Tag darauf fand Courtney einen leblosen Kurt, der eine Überdosis des starken Schlafmittels Rohypnol gemischt mit Champagner genommen hatte. Kurt wurde bewusstlos in ein Krankenhaus eingeliefert, konnte aber wiederbelebt werden. Ob dies ein Suizidversuch war oder aber eine unbeabsichtigte Überdosis, darüber gehen die Meinungen auseinander. Aber so ziemlich alle aus Kurts Umfeld sagen: Rom hatte irgendetwas in Kurt verändert. »Er war *so total* im Arsch«, zitiert Charles R. Cross Krist.

Zurück in Seattle, zog sich Kurt stärker als zuvor zurück, hing meistens nur noch mit einem einzigen Freund ab, um Heroin zu nehmen. Seine Stimmungsschwankungen, die viele seiner Zeitgenossen und Biographen als lebenslange Depressionen auslegen, nahmen überhand. Am 18. März rief Courtney die Polizei in Seattle, weil Kurt sich mit Waffen im Badezimmer eingeschlossen hatte. Eine von Courtney eine Woche später organisierte Intervention hatte den gegenteiligen Effekt und gab Kurt vermutlich noch mehr das Gefühl, dass sich alle gegen ihn verschworen hatten. Schließlich willigte er doch ein, einen Entzug zu machen, und checkte am 30. März in eine bekannte Rehaklinik in Los Angeles ein. Er blieb dort nur kurz und flog direkt nach Seattle zurück; zufälligerweise saß er im Flieger ausgerechnet neben Duff McKagan von Guns N' Roses, mit dem er sich trotz der jahrelangen Feindschaft der beiden Bands freundlich unterhielt. Auch McKagan bemerkte, dass

Kurt nicht er selbst war. »Ich wusste instinktiv, dass da was nicht stimmte«, sagte er später über die Begegnung. Am 2. April war Kurt wieder in seinem Haus. Mark Lanegan, Sänger der Screaming Trees, langjähriger Freund sowie Drogenbuddy von Kurt, erinnert sich in seiner Autobiographie *Sing Backwards and Weep* (2020) daran, dass er Anfang April neben seinem Anrufbeantworter saß und zuhörte, wie Kurt draufsprach. »Ich bin wieder in der Stadt. Was treibst du? Hast du nicht Bock vorbeizukommen, bisschen Musik hören?« Lanegan, der Kurt bei der Drogenbeschaffung half, zögerte kurz, meldete sich dann aber nicht bei ihm. Auch die beiden weiteren Male, die Kurt anrief, ging er nicht dran. Was genau Kurt in den letzten Tagen seines Lebens machte, bleibt für immer Spekulation.

Am 5. April 1994 nahm sich Kurt Cobain das Leben.

## »Never met a wise man, if so it's a woman« – Nirvana und die Politik

Zweimal spielte die Band die ersten Takte von »Smells Like Teen Spirit«, nur um direkt wieder abzubrechen, dann rockten Nirvana ein mäßiges Set runter, bis der Auftritt in der Kakophonie von »Endless, Nameless« endete. Dass ihr Konzert am 30. Oktober 1992 in Buenos Aires so unterdurchschnittlich war, lag daran, dass Kurt, Dave und Krist es absichtlich sabotierten. Das männlich dominierte Publikum hatte die Vorband ausgebuht, eine unbekannte feministische All-Female-Gruppe namens Calamity Jane aus Portland, Oregon. Abgefuckt von den Reaktionen zahlten Nirvana es den Besucher:innen heim, indem sie ihren größten Hit, den alle hören wollten, nicht spielten. »Das Publikum hatte den Song nicht verdient«, sagte Kurt später in einem Interview.

Diese Anekdote ist typisch für Kurt und Nirvana. In einer Zeit, da der Feminismus allgemein, vor allem aber von Männern belächelt wurde und insbesondere in der Rockmusik eine Machoattitüde vorherrschte, vertraten Kurt, Krist und Dave eine gegenteilige Einstellung. Bereits in einem frühen *New York Times*-Porträt, das wenige Tage nach der Veröffentlichung von *Nevermind* publiziert wurde, stellte Krist klar: »Wir sind feministisch. Sexismus ist genauso schlecht wie Rassismus. Und wir sind total links.«

Während sich Dave mit Aussagen zurückhielt – was auch daran lag, dass er erst spät zur Band gestoßen war und sich deswegen eher als am Rande stehend empfand – nahmen Kurt und Krist kein Blatt vor den Mund, wenn es um Politik ging. Bei Krist hat das viel mit seiner familiären Prägung zu tun. Krist, der als Kroate zweiter Generation in den USA lebte und in seiner Jugend ein Jahr in der Heimat seiner Eltern verbracht hatte, wurde früh politisiert. Kurts feministische Einstellung wiederum rührte vor allem aus seiner großen Empathie für marginalisierte Menschen. Durch seine Freundschaft mit Vertreterinnen der Riot Grrrls, allen voran Kathleen Hanna und Tobi Vail, kam er in Kontakt mit feministischer Theorie. Er wusste um den Einfluss von Bands mit Leadsängerinnen wie Bikini Kill oder Sonic Youth auf die Rockwelt, wie er in einem Interview mit *Spin* 1993 etwas ungelenk erläuterte: »Rock 'n' Roll ist erschöpft. Aber Rock 'n' Roll war auch immer männlich. Gerade in den vergangenen Jahren gibt es eine Menge Girlgroups. The Breeders und die Riot Grrrls haben alle etwas damit zu tun. Die Leute akzeptieren endlich Frauen in solchen Rollen.«

Während die Komplexe *Race* und Rassismus Kurt ebenfalls beschäftigten, stand für ihn der Kampf um Gleichberechtigung für Frauen und queere Menschen im Vordergrund [siehe Kapitel »Kurts queere Seite«]. In einem Brief an Tobi Vail aus dem Frühling 1991 reflektiert Kurt die Privilegien weißer Männer:

> Ein Ismus speist den anderen, aber am Anfang der Nahrungskette steht immer noch der weiße, industriehörige, kraftstrotzende Macho [...] Klassismus wird durch Sexis-

mus bestimmt, weil der Mann entscheidet, ob alle anderen Ismen weiter existieren […] Man muss zuerst den Sexismus völlig ausschalten, ehe man was gegen die anderen Ismen unternehmen kann.

Gerade sexualisierte Gewalt gegen Frauen beschäftigte Kurt sehr. Seine Einstellung war für diese Zeit außergewöhnlich: »Das Problem bei Gruppen, die sich mit Vergewaltigungen befassen, besteht darin, dass sie versuchen, Frauen darüber aufzuklären, wie sie sich verteidigen können«, sagte er im November 1991 dem *NME*. »Was wirklich getan werden muss, ist Männern beizubringen, nicht zu vergewaltigen. Geht zur Ursache und beginnt dort.« Das haben auch heute viele noch nicht begriffen.

Nirvanas Engagement beschränkte sich aber nicht nur auf Phrasendrescherei. Die Band trat oft auf Benefizkonzerten auf, etwa gegen den bereits erwähnten *Measure* 9-Gesetzentwurf, für Vergewaltigungsopfer in Bosnien oder im Oktober 1991 beim ersten Konzert von Rock for Choice, organisiert von der feministischen Punkband L7, um für die Stärkung des Rechts auf Abtreibung einzutreten. Im November 1992 spielte sie zugunsten der Washington State Music Coalition, die gegen das sogenannte *Erotic Music Bill* protestierte, das vorsah, Jugendlichen unter 18 Jahren den Zugang zu Musik zu verwehren, die »unangemessene« Texte habe. Viele Musiker:innen befürchteten (aus gutem Grunde, immerhin war George Bush sr. US-Präsident) staatlich auferlegte Zensur. Mit Courtney zusammen trat Kurt im September 1993 außerdem bei Rock Against Rape auf.

Aber kein Mensch ist frei von Fehlern und Widersprüchen, und auch Kurt ist da keine Ausnahme. Als er nach dem *Vanity*

*Fair*-Skandal hörte, dass Victoria Clarke und Britt Collins planten, eine Biographie über Nirvana zu schreiben [siehe Kapitel »Kurt und die Medien« sowie Kapitel »Ein Konzert für die Ewigkeit«], hinterließen er und Courtney ihnen mehrere Nachrichten auf dem Anrufbeantworter, in denen sie die Journalistinnen bedrohten. Kurt waren die Widersprüche zu seinem sonstigen Verhalten bewusst. »So rede ich normalerweise nie«, sagte er Michael Azerrad. »Das war das erste Mal, dass ich so rachsüchtig, sexistisch und unheimlich war. Ich wollte so extrem und irrational wie nur möglich auftreten, um ihnen Angst zu machen.« Es klingt nach Einsicht, aber nicht nach Reue.

Nach dem Ende von Nirvana wandte sich Krist verstärkt seinem politischen Engagement zu. Im Oktober 2004 veröffentlichte er sein Buch *Of Grunge and Government: Let's Fix this Broken Democracy!*, in dem es weniger um Grunge und vor allem um die Organisation von Grassroots-Bewegungen geht. Krist ist primär in der Lokalpolitik engagiert, aber manchmal macht er auch auf Bundesebene von sich reden. Zeitweise war er aktiv bei den Demokraten, später ließ er sich als unabhängiger Wähler registrieren. Bei der Präsidentschaftswahl 2008 sprach er sich für Barack Obama aus, wandte sich aber später wegen ihrer Top-down-Struktur (statt Grassroots) wieder von der Demokratischen Partei ab. 2016 unterstützte er Gary Johnson von der Libertären Partei bei seiner Kandidatur für die Präsidentschaftswahl, und im März 2023 schloss er sich Andrew Yang und seiner Forward Party an.

Für einen kleinen Eklat sorgte Krist, als er im Sommer 2020 in einem (kurz darauf gelöschten) Facebook-Post eine Rede von Donald Trump lobte, der im Zuge der Demonstrationen nach dem Mord an George Floyd das US-Militär in die Städte schicken wollte: »Der Präsident sollte keine Truppen in die Staaten schicken – und rechtsgültig ist das wahrscheinlich ohnehin nicht – nichtsdestotrotz war der Ton in seiner Rede stark und direkt.« Nach massiver Kritik ruderte er zurück und postete ein paar Tage später: »Ich unterstütze den Faschismus nicht, und ich unterstütze auch keinen autoritären Staat. Ich glaube an eine zivilisierte Gesellschaft und dass wir alle darauf hinarbeiten müssen.« In einem Interview mit dem libertären Sender Reason TV beschrieb er sich im Jahr 2014 als »Anarchokapitalist, Sozialist, Gemäßigter … Ich weiß es nicht«, und sagte, dass er sowohl in linken wie rechten Philosophien Fehler erkennen würde.

Dave hält sich in seiner politischen Positionierung etwas bedeckter als Krist. Auch nach Nirvana setzte er sich für LGBTQ-Rechte sowie für strengere Waffengesetze ein, außerdem trat er 2012 mit den Foo Fighters bei einer Convention der Demokraten auf, um die Wahlkampagne von Barack Obama zu unterstützen, und 2021 beim Amtsantritt von Joe Biden. Allerdings besuchte Dave das Weiße Haus auch auf Einladung das damaligen Präsidenten George W. Bush und ließ sich mit ihm sogar fotografieren, auch wenn er in seiner Autobiographie sagt: »Gelinde gesagt, deckte sich meine politische Haltung nicht mit der unserer damaligen Regierung.« 2017 sagte er in einer *Rolling Stone*-Titelstory über die Tatsache, dass sich auch Trump-Wähler:innen unter seinen Fans befinden: »Wir spielen für alle. Ich mag den Gedanken, dass Musik etwas ist, das zwei entgegengesetzte Seiten des Spektrums zusammenbringen kann.«

Dave zeigte bisweilen auch eine politisch äußerst kritikwürdige Haltung, die dem Bestreben Nirvanas, an der Seite von queeren Menschen zu stehen, entgegenläuft. Um sie muss man wissen und aktiv im Internet nach den Spuren suchen. Jahrelang verbreiteten die Foo Fighters nämlich eine Verschwörungstheorie, laut der Aids ungefährlich sei und nicht mit HIV in Verbindung stehe. Die Band (allen voran der Bassist Nate Mendel) unterstützte die Non-Profit-Organisation *Alive & Well AIDS Alternatives* von Christine Maggiore (die 2008 selbst an einer aidsbedingten Krankheit starb, wie auch sehr wahrscheinlich – sie wurde nie getestet – ihre drei Jahre alte Tochter im Jahr 2005). *Alive & Well* setzt sich dafür ein, dass Menschen keine HIV-Tests machen, behauptet, Safer Sex sei unnötig, und fordert, dass diejenigen, die HIV-positiv sind, keine entsprechenden Medikamente nehmen. Im Januar 2000 spielten die Foo Fighters sogar ein Benefizkonzert in Los Angeles für die Organisation. Weder in den Biographien der Band noch in Daves Autobiographie wird eine Verbindung zu Maggiore und *Alive & Well* auch nur angedeutet. Die Banner, die bis März 2003 auf der Website der Foo Fighters eingeblendet wurden, sind lange in Vergessenheit geraten. Wer googelt, findet aber Artikel darüber sowie Fotos von Dave mit Christine Maggiore. Eine Entschuldigung dafür, dass die Band so lange tödliche Falschinformationen über HIV und Aids verbreitet hat, gibt es bis heute nicht. Das ist umso enttäuschender, weil Kurt und Nirvana generell für eine klare politische Haltung standen.

# Nachspiel

Am 8. April wurde Kurts Leiche von einem Elektriker im Gewächshaus über der Garage gefunden und der Todeszeitpunkt auf den 5. April rückdatiert. Neben ihm lag ein Abschiedsbrief, den er an Boddah adressiert hatte, Kurts imaginären Freund aus seiner Kindheit. Er endet mit einem Zitat aus Neil Youngs Song »My My, Hey Hey (Out of the Blue)«: »It's better to burn out than to fade away«, und der Bitte um »Peace, Love, Empathy«.

Die Nachricht von Kurts Tod verbreitete sich wie ein Lauffeuer, die Medien wurden augenblicklich informiert, einige aus Kurts engstem Umfeld erfuhren durch das Radio oder Fernsehen davon. Viele wollten zunächst nicht an den Wahrheitsgehalt glauben, gerade weil sie nach Kurts Überdosis in Rom bereits vergleichbare Anrufe erhalten hatten. Wie schrecklich dies war, schildert Dave in *Der Storyteller*, als er von Kurts vermeintlichem Tod in Rom hörte: »Ich verspürte eine viel stärkere Trauer, als ich mir je hätte ausmalen können. Ich konnte nicht mehr sprechen. Ich konnte nicht mehr denken. Nicht stehen. Nicht atmen.« Dadurch, dass wenige Minuten danach die Entwarnung kam, war es ihm einen Monat später kaum möglich, um Kurt zu trauern.

> Ich legte auf und wartete auf den lähmenden Schmerz, der mich erneut in die Knie zwingen würde … Doch er kam nicht. Er saß ganz tief in mir und wurde durch das Trauma von vor einem Monat geblockt […]. Ich wartete darauf, dass der Panzer durchbohrt und ich erneut zu Boden geschickt wurde, wollte es aber nicht zulassen. Ich wehrte mich dagegen, denn ich hatte Angst vor dem bekannten Schmerz.

Unmittelbar nach Kurts Tod kursierten erste Gerüchte, Courtney habe einen Auftragsmörder angeheuert. Diesen misogynen Verschwörungstheorien soll an dieser Stelle kein Platz eingeräumt werden. Nur so viel: Sie wurden in erster Linie von einem Privatdetektiv in die Welt gesetzt, den Courtney in den Tagen vor Kurts Tod engagiert hatte, um ihn zu finden, und sie sind allesamt haltlos, auch wenn besagter Privatdetektiv daraus jahrelang Kapital schlug, weil seine Behauptungen auf offene Ohren trafen. Kein Mensch, der Kurt kannte, glaubt daran, und auch die Polizei fand keinerlei Anhaltspunkte dafür. Kurts Tod war ein Suizid.

Kaum eine Frage wird im Zusammenhang mit Nirvana öfter gestellt als die: Hätte die Band eine Zukunft gehabt, wenn Kurt sich nicht das Leben genommen hätte? Darüber lässt sich natürlich nur spekulieren. Es gibt sehr viele Anzeichen dafür, dass Nirvana nicht mehr lange existiert hätten. Im letzten Jahr, vor allem in den letzten Monaten von Kurts Leben, gab es immer größere Reibereien, mehrfach hatte Kurt die Band auch schon geschmissen. Dave schrieb seine eigene Musik, von der er wusste, dass sie keinen Platz in Nirvana haben würde. Andererseits beweist *In Utero*, dass sich Nirvana weiterentwickeln konnten, und das Unplugged-Konzert gibt einen Hinweis darauf, wohin es möglicherweise mit ihrem Sound gegangen wäre. Die letzten Jahre von Kurts Leben haben aber gezeigt, dass es ihm nicht gelungen war, die Heroinabhängigkeit zu überwinden. Auch Courtney spielt eine Rolle – Krist, Dave und sie verstanden sich schon zu seinen Lebzeiten nicht gut; nach Kurts Tod wurde aus diesem gegenseitigen Unverständnis eine regelrechte Fehde. Generell gab es vielerlei Anzeichen, dass die Band keine jahrzehntelange Karriere wie etwa R.E.M., die Red Hot Chili Peppers oder Pearl Jam vor sich hatte. Zu chaotisch, zu explosiv, zu *intense* war das Projekt Nirvana.

Es ist gut möglich, dass Kurt als Songwriter da weitergemacht hätte, wo er mit dem Unplugged-Konzert aufgehört hatte. Es gab handfeste Pläne von ihm und R.E.M.-Sänger Michael Stipe, ein gemeinsames Musikprojekt umzusetzen. Ende Januar 1994 hatte Kurt in einem *Rolling Stone*-Interview über Nirvana gesagt, dass sich die Band »fast erschöpft« habe. »Wir sind an einem Punkt angelangt, an dem sich die Dinge wiederholen. Es gibt nichts, auf das man sich zubewegen kann, es gibt nichts, auf das man sich freuen kann.« Er, Krist und Dave hätten sich musikalisch in unterschiedliche Richtungen entwickelt. Er hatte die Vorstellung von einer weiteren gemeinsamen Platte, die »ziemlich ätherisch, akustisch, wie das letzte Album von R.E.M.« (*Automatic for the People* ist gemeint) klingen sollte. »Wenn ich nur ein paar Songs schreiben könnte, die so gut sind wie das, was sie geschrieben haben ... Ich weiß nicht, wie diese Band das macht. Gott, sie sind die Größten.« Zu einer Zusammenarbeit mit Michael Stipe kam es aber nie. »Es war schon alles vorbereitet«, sagte dieser in einem Interview nach Kurts Tod. »Er hatte ein Flugticket. Es war schon ein Wagen bestellt, der ihn abholen sollte. Doch dann rief er in letzter Minute an und sagte: ›Ich kann nicht kommen.‹«

Unabhängig von der musikalischen Weiterentwicklung Nirvanas hätte sich Kurt bei Neil Young und Pearl Jam etwas vom Umgang mit dem Ruhm und auch der Erwartungshaltung an die Band abschauen können. Im Laufe seiner Karriere hat Young immer wieder Alben veröffentlicht, von denen er wusste, dass sie keinen kommerziellen Erfolg haben würden. Er tat es, einfach weil er Lust darauf hatte. Und Pearl Jam beschlossen nach dem großen Erfolg von »Jeremy« (1992), keine Musikvideos mehr zu produzieren, weniger Interviews zu geben und seltener im Fernsehen aufzutreten, um mehr unter dem Radar zu fliegen. Vielleicht wäre das auch für Kurt eine Möglichkeit gewesen, um langfristig zwar Musik zu machen, aber aus dem Rampenlicht zurückzutreten.

Nur vier Tage nachdem Kurts Leiche gefunden wurde, erschien das neue Album von Courtney Loves Band Hole mit dem in diesem Kontext wahnsinnig ironisch klingenden Titel *Live Through this.* Tragischerweise starb die Hole-Bassistin Kristen Pfaff gerade einmal zwei Monate später an Heroin. In den 30 Jahren seit Kurts Tod war Courtney Love immer wieder in den Medien. Entweder weil ihre Musik gefeiert wurde (auch als Schauspielerin hatte sie einigen Erfolg) oder aber wegen Courtney selbst – weil sie mehrfach temporär das Sorgerecht für Frances verlor, mit Drogen zu kämpfen hatte oder sonst irgendwie auffällig und ausfällig wurde. Und nicht zuletzt auch wegen ihrer Battles, vor allem mit Dave Grohl (Krist hält sich sehr zurück), die beide öffentlich austrugen (und austragen). In Interviews und in den sozialen Medien verpassten sich Dave und Courtney gegenseitig Tiefschläge, sowohl auf persönlicher Ebene als auch hinsichtlich der Rechte an und der Zukunft von der wenigen Musik von Nirvana, die noch unveröffentlicht war. In seiner Autobiographie erwähnt Dave sie mit keinem einzigen Wort, deutet nicht einmal an, dass es sie in Kurts und somit auch in seinem Leben gegeben hat. Ein besonderer Streitpunkt war das letzte Nirvana-Lied »You Know You're Right«, bei dem die Vorstellungen von Dave und Courtney, in welcher Weise es publiziert werden sollte, weit auseinandergingen. Im Endeffekt wurde es 2002 als Single und 2004 auf dem Box-Set *With the Lights Out*, bestehend aus drei CDs und einer DVD, veröffentlicht.

Ende 2002 wurden außerdem Auszüge aus Kurts Tagebüchern publiziert, eine Entscheidung, die viele Fans damals stark kritisierten. In der Tat gibt die Lektüre wenig Aufschluss über sein Leben; vieles ist im Stream of Consciousness verfasst und ganz eindeutig von seiner Lektüre (etwa Romane von William S. Burroughs) geprägt. Offen bleibt häufig, welche Anekdoten tatsächlich der Wahrheit entsprechen – wie später in Gesprächen mit Journalist:innen erfand Kurt auch in seinen Tagebüchern Versionen seines Lebens. Diese Notizen haben zwar einen gewissen literarischen Wert, mehr aber auch nicht. Spannender sind da die Briefe an Freund:innen und Bekannte, die er (vermutlich) nicht abschickte. Das einzig wirklich Interessante, das man aus Kurts Tagebüchern ziehen kann, ist die Tatsache, dass er entgegen seiner Behauptungen lange an den meisten seiner Songtexte feilte. In einem Interview mit der Tageszeitung *Irish Independent* im Jahr 2018 fand Frances Bean klare Worte: »Ich bedaure es sehr, dass meine Mutter sie veröffentlicht hat [...] Für mich fühlt es sich wie ein Eingriff in die Privatsphäre an.«

Dave wiederum hatte zu dem Zeitpunkt, als »You Know You're Right« und die Tagebücher publiziert wurden, bereits eine komplett andere Musikkarriere. Schon während seiner Zeit bei Nirvana hatte er immer mal wieder angedeutet, dass er

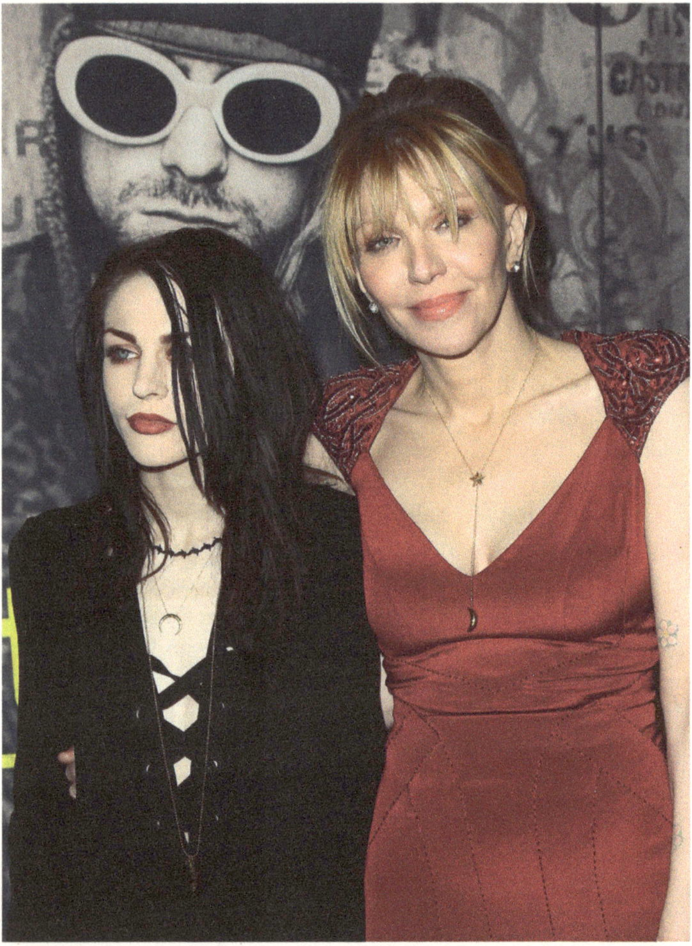

Frances Bean Cobain und Courtney Love 2015 bei der Premiere des Dokumentarfilms *Cobain: Montage of Heck*

sich nur als »der Drummer« fühlte, nicht an ein ewiges Fortbestehen der Band glaubte und viele eigene Songs schrieb. Gleichwohl war es für so ziemlich alle Nirvana-Fans und die gesamte Öffentlichkeit eine große Überraschung, als der Schlagzeuger, der sich meist im Hintergrund hielt, die Foo Fighters als Frontmann, Sänger und Gitarrist gründete. Ursprünglich hatte dies als ein Soloprojekt begonnen. Als eine Art Selbsttherapie nahm Dave im Oktober nach Kurts Tod 15 Songs im Studio auf, bei denen er bis auf wenige Ausnahmen alle Instrumente sowie den Gesang selbst einspielte. Schließlich engagierte er andere Musiker:innen, darunter Pat Smear, und gründete die Band offiziell, das erste Album erschien im Juli darauf. Seitdem sind die Foo Fighters aktiv, eine der größten Alternative-Rock-Bands der Welt und haben bisher elf Studioalben aufgenommen, das letzte 2023, außerdem wurden sie mit bislang 15 Grammy Awards ausgezeichnet.

Anders als Dave hatte Krist Novoselic keine große Zukunft in der Musik. Er spielte in mehreren kurzlebigen Bands mit (wo er teilweise stark zu klassischem Country und Folk tendierte), die aber erfolglos blieben und sich bald wieder auflösten. Am interessantesten ist da eine einmalige Zusammenarbeit mit Johnny Cash, Kim Thayil (Gitarrist von Soundgarden) und Sean Kinney (Schlagzeuger von Alice in Chains), mit denen er den Song »Time of the Preacher« aufnahm. Er tritt auch immer wieder einmal als Gast bei Konzerten auf. Ansonsten widmet sich Krist seinem politischen Aktivismus.

Dave und Krist scheinen heute nicht mehr allzu viel miteinander zu tun zu haben; der Fixpunkt für beide war offensichtlich Kurt gewesen. Für Krist, weil er und Kurt sich noch aus Aberdeen kannten und jahrelang befreundet waren, und für Dave, weil sie während des Entstehungsprozesses von *Never-*

*mind* monatelang zusammenwohnten und sich später auf Touren oft das Hotelzimmer teilten. Krist wird in Daves *Der Storyteller* kaum erwähnt, weder die erste Begegnung noch Daves Gefühle und Meinung über ihn, auch Anekdoten werden nicht erzählt. Trotzdem scheint es kein böses Blut zwischen den beiden zu geben. Im Laufe der Jahre nach Kurts Tod traten sie mehrfach gemeinsam auf, unter anderem mit Krist als Gastmusiker bei den Foo Fighters, außerdem spielt er beim Song »I Should Have Known« vom Album *Wasting Light* (2011) Bass und Akkordeon.

Auch als Nirvana gab es eine Handvoll gemeinsamer Auftritte, darunter mit Paul McCartney auf einem Benefizkonzert 2012 für die Opfer des Hurricanes Sandy. 2016 spielten sie auf der Prä-Grammy-Party ein Cover von David Bowies »The Man Who Sold the World«. Im Januar 2020 gab es ein weiteres Benefizkonzert, bei dem Daves damals 13-jährige Tochter Violet mit auf der Bühne stand, und 2022 ein Tribute für den verstorbenen Foo-Fighters-Schlagzeuger Taylor Hawkins, bei dem sie mit Matt Cameron und Kim Thayil von Soundgarden sowie der Sängerin Taylor Momsen von The Pretty Reckless auftraten. Das größte Nirvana-Konzert seit Kurts Tod aber fand am 10. April 2014 statt, als Nirvana in die Rock and Roll Hall of Fame aufgenommen wurden. Mit nacheinander Joan Jett, Kim Gordon, St. Vincent und Lorde als Sängerinnen spielten Krist, Dave und Pat »Smells Like Teen Spirit«, »Aneurysm«, »Lithium« und »All Apologies«.

Aus dem Nirvana-Universum gibt es noch zwei weitere Nachrichten. Vor allem Vertreter:innen der Generation X wird entzücken, dass Frances Bean Cobain im Oktober 2023 Riley Hawk, den Sohn der Skateboardlegende Tony Hawk, heiratete – getraut übrigens von niemand Geringerem als Michael

Stipe. Bruce Pavitt und Jonathan Poneman wiederum verkauften im Jahr 1995 49 Prozent von Sub Pop an die Warner Music Group, was dem Musiklabel ein langjähriges Überleben sicherte. Hätte Krist damals nicht betrunken an Pavitts Tür gehämmert und einen Vertrag eingefordert, wäre Sub Pop ziemlich wahrscheinlich bereits in den 1990ern pleitegegangen.

Die Musikwelt drehte sich weiter. Kurz nach Kurts Tod trat das Internet seinen Siegeszug an, was auch das Musikbusiness nachhaltig veränderte. YouTube, Spotify, TikTok – heute gibt es andere Wege, um sich einen Namen zu machen, während die klassische Art, also über Mund-zu-Mund-Propaganda und durch unermüdliches Touren, fast nicht mehr existiert. Um einen Plattenvertrag zu bekommen, sollte man bereits eine eigene Marketingmaschine im Hintergrund haben. Ist Nirvana vielleicht die letzte große Band, die aus dem Nichts zu Weltruhm gelangte? Auch der Massengeschmack hat sich verändert. Gleichzeitig mit Nirvana begannen in Europa die ersten Boybands erfolgreich zu werden. Kurz darauf kam der Hip-Hop endgültig im Mainstream an. Und Rockmusik? Auf Nirvana folgte der Post-Grunge, vertreten von Bands wie Silverchair, Bush, Creed, Nickelback, Puddle of Mudd, Staind und vielen anderen, die fast alle mit Nirvana verglichen wurden (die einzige Band, bei der der Vergleich zumindest teilweise angemessen wäre, ist die australische Band Silverchair mit ihren ersten drei Studioalben). Danach kam Nu Metal, und dann nicht mehr viel im Rockbereich. In den US-amerikanischen Billboard-Charts ist »How You Remind Me« von Nickelback der letzte Song, der als »Rock« klassifiziert wurde und Platz eins erreichte – und das war im Jahr 2001. Die Gen Z ist somit die erste Generation, die ohne große Rockbands aufgewachsen ist.

Dennoch scheinen Nirvana präsenter denn je zu sein. Wer heute durch die Straßen läuft, wird viele Menschen mit Nirvana-T-Shirts erblicken. Nicht nur in *The Batman*, auch in der US-Erfolgsserie *Succession* (2018–2023) spielt mit »Rape Me« ein Song von Nirvana eine wichtige Rolle, selbes gilt für »Come as You Are« in *Captain Marvel* (2019) und »Something in the Way« in der Serie *Yellowjackets* (seit 2021), um nur einige aktuelle Beispiele zu nennen. Die Musik bleibt allgegenwärtig und erschließt sich durch die Verwendung in Filmen und Serien auch jüngeren Generationen. In einer Folge des Podcasts von Conan O'Brien, erschienen im Oktober 2023 anlässlich des Jubiläums von *In Utero*, sprechen Dave, Krist und Produzent Steve Albini mit dem Late-Night-Moderator. Zum Schluss sagt Dave:

> Für Kinder heutzutage gibt es dieses Fenster im Alter zwischen vielleicht zehn und vierzehn, wo fast alle durch eine Nirvana-Phase gehen, und das aus gutem Grund. Ich denke, das hat weniger mit dem Sound zu tun und mehr mit dem, was es bedeutet. Es bedeutet heute das Gleiche für diese Kids wie damals, als wir die Musik veröffentlicht haben. Und das ist für mich die coolste Sache.

Ob 1991, zur Jahrtausendwende oder heute – es gibt immer noch zahllose Kinder und Jugendliche (und nicht zuletzt Erwachsene), die zu »Smells Like Teen Spirit« oder einem anderen Nirvana-Lied auf dem Bett hoch- und runterhüpfen und mitsingen. Weil ihre Musik zeitlos ist.

## Lektüre-, Film- und Hörtipps

### Bücher

Azerrad, Michael: Nirvana. Die wahre Kurt-Cobain-Story. Aus dem amerikanischen Englisch übersetzt von Thomas Pöll. Innsbruck 2020 ([1]1994).

–: The Amplified Come as You Are. New York 2023.

Cobain, Kurt: Tagebücher. Herausgegeben und aus dem amerikanischen Englisch übersetzt von Clara Drechsler und Harald Hellmann. Frankfurt a. M. 2004 ([1]2002).

Cross, Charles R.: Der Himmel über Nirvana – Kurt Cobains Leben und Sterben. Aus dem amerikanischen Englisch übersetzt von Bernhard Schmid. Innsbruck 2021 ([1]2002).

Goldberg, Danny: Erinnerungen an Kurt Cobain. Aus dem amerikanischen Englisch übersetzt von Kirsten Borchardt. Innsbruck 2019.

Gordon, Kim: Girl in a Band. Aus dem amerikanischen Englisch übersetzt von Kathrin Bielfeldt und Jürgen Bürger. Köln 2015.

Grohl, Dave: Der Storyteller. Aus dem amerikanischen Englisch übersetzt von Dieter Fuchs. Berlin 2023 ([1]2021).

Lanegan, Mark: Sing Backwards and Weep. Eine Autobiografie. Aus dem amerikanischen Englisch übersetzt von Nicolai von Schweder-Schreiner. München 2021 ([1]2020).

Love, Courtney: Dirty Blonde. Die Tagebücher. Aus dem amerikanischen Englisch übersetzt von Clara Drechsler. Köln 2007 ([1]2006).

Morgen, Brett und Richard Bienstock: Cobain: Montage of Heck. Die Lebens-Collage des Kurt Cobain. Aus dem amerikanischen Englisch übersetzt von Kirsten Borchardt. Innsbruck 2015.
True, Everett: Nirvana. Die wahre Geschichte. Aus dem britischen Englisch übersetzt von Kirsten Borchardt. Innsbruck 2008 ([1]2006).

Alle Übersetzungen aus Büchern und Interviews, die bislang nicht ins Deutsche übertragen worden sind, stammen von Isabella Caldart.

## Filme

*1991: The Year Punk Broke*. Regie: Dave Markey, 1992.
*Cobain: Montage of Heck*. Regie: Brett Morgen, 2015.
*Hype!* Regie: Doug Pray, 1996.
*Kurt Cobain: About a Son*. Regie: AJ Schnack, 2006.
*Live! Tonight! Sold Out!!*. Regie: Kevin Kerslake, 1994.
*Nirvana: Behind the Music*. Coda Records, 2007.

## Online

www.LiveNirvana.com
*The Nirvana Podcast* von Sytse Wilman und Jedidjah Julia Noomen.